JN017380

民事訴訟
裁判官からの質問に答える技術

裁判官
中村雅人

弁護士・元法務省訟務局付
城石惣

学陽書房

は　し　が　き

　本書は、10年以上の実務経験を持つ裁判官と弁護士が共同執筆した、新人・若手弁護士のための民事裁判実務の入門書です。期日における裁判官とのやりとりに必要な基礎知識やノウハウを、体系的に解説しています。

　民事裁判実務に関する書籍はあまたありますが、いくら読んでも実際の期日で具体的にどのように立ち振る舞えばよいのかわからず、不安を抱えている新人・若手弁護士は少なくないのではないでしょうか。

　本書は、裁判官が投げかける質問のうち、頻度が比較的高いものをピックアップしており、裁判官の視点から質問の意図を解説した後、弁護士の視点から質問にどのように対応すべきかを解説しています。各項目の冒頭に、両執筆者が裁判官・弁護士の立場から、それぞれ実際に経験した期日をデフォルメした質問場面を会話形式で掲載しており、期日におけるやりとりが具体的にイメージしやすいようにしています。本書が少しでも実務に対する自信につながれば幸いです。

　本書は、主に新人・若手弁護士に向けて書かれたものですが、司法修習生や法律実務に関心のある学生などもぜひ手にとっていただければと思います。

　なお、本書には「裁判官」や「裁判所」が主語となっている記載が多数ありますが、あくまで執筆者個人の私的な見解にとどまりますので、ご留意ください。

　最後になりますが、ロースクール時代に苦楽を共にした旧友と、気軽に意見交換する中、このような形で本書を結実することができたのは非常に貴重な経験となりました。また、私個人の諸事情により、本書の刊行まで時間を要することになりましたが、粘り強く懇切丁寧にサポートしていただいた編集部の方々に心からお礼申し上げます。

　令和6年4月

中　村　雅　人

目次

第3章

書証に関して訊かれること

第6章

和解期日に訊かれること

法令等の内容は、2024 年 4 月現在施行のものによります。

本文中、法令等を略記した箇所があります。次の略記表を参照してください。

<略記>　　　　　　<正式>

民訴法　　　　　　民事訴訟法

民訴費法　　　　　民事訴訟費用等に関する法律

民執法　　　　　　民事執行法

個人情報保護法　　個人情報の保護に関する法律

民訴規　　　　　　民事訴訟規則

刑訴規　　　　　　刑事訴訟規則

なお、令和 4 年 5 月 18 日に成立した民事訴訟法等の一部を改正する法律（令和 4 年法律第 48 号）に触れるときは、「改正民訴法」と示しています。

各項目の冒頭にある「裁判官からの質問の場面」に出てくる略称は以下のとおりです。

裁：裁判官

弁：弁護士

書：裁判所書記官

本：原告（被告）本人

第1章

訴状に関して
訊かれること

1 「訴訟物は何ですか？」

 ## 裁判官からの質問の場面

裁：原告から訴状、被告から答弁書を提出していただいています。

弁：はい。

裁：陳述いただく前に、念のため原告に確認したいのですが、**訴訟物は何ですか？** 損害賠償請求だということは記載されていて、内容からすると一般不法行為に基づく損害賠償ということかと思ったのですが。

弁：訴訟物は民法 709 条に基づく損害賠償請求としているつもりです。

裁：訴状の記載上明確ではないので、準備書面等で明確にしてください。

 ## 裁判官はなぜこの質問をするのか？

訴訟物の特定は、審理のスタート地点であり極めて重要です。請求原因の記載内容等から、「おそらく訴状物はこれだろう」と推測できることも多いですが、その重要性から、念のため確認すべく、この質問をすることがあります。上記例では、第1回口頭弁論期日で指摘していますが、訴状審査段階で指摘することもよくあります。

1 「何の判断を求めるか」を裁判官に示す

「訴訟物」とは、訴訟上の請求の内容である「原告が主張する一定の権利または法律関係」のことです。

要するに、**裁判所に判断を求める事項（権利または法律関係）**のことで、例えば、「民法 709 条に基づく損害賠償請求権」「所有権に基づく土地明渡請求権」といったものがこれにあたります。

いかなる訴訟物について裁判所に判断を求めるかは、原告が自由に選択することができ、裁判所は**原告の選択に拘束される**ことになります（処分権主義、民訴法 246 条）。

したがって、訴訟を提起するにあたって、原告は、各請求権の要件、効果、主張・立証責任の所在、証拠関係、予想される反論等を吟味した上で、自らに最も有利な訴訟物を選択することになります。

訴状を受け取った裁判官は、原告が選択した訴訟物に拘束されますので、まずは訴訟物が何なのかを特定し、その上で、訴訟物である権利または法律関係を発生させる事実（要件事実）が認められるかを審理していくことになります。

しかし、原告の訴状から訴訟物が特定できない場合、裁判官は、「何の判断を求められているかがわからない状態」になってしまうというわけです。

2 「よって書き」で訴訟物を明確に表現しよう

以上のとおり、裁判官は原告が選択した訴訟物が何なのかをまずは特定しておく必要がありますが、（事件名等から訴訟物が推測できる場合もあるものの）訴状の表紙等に「訴訟物」が明記されているわけではありません。

また、訴状の記載事項（民訴規 53 条）のうち、「請求の趣旨」については、請求の法的な性格や理由付けは記載しないのが実務上の取扱いとなっています（すなわち、請求の趣旨だけでは訴訟物は特定できません）。

そこで、裁判官は、主に「請求の原因」（請求を特定するのに必要な

事実）から合理的に解釈し、何が訴訟物とされているかを判断すること
になります。

　特に、実務上は、「請求の原因」の最後に記載される**「よって書き」**
を見て判断しています。

　「よって書き」の記載については、「よって、請求の趣旨記載の判決を
求める。」とのみ記載するケースもありますが、複数の法律構成があり
得る場合、このような記載では訴訟物が特定できないおそれもあります。
したがって、例えば「よって、原告は、被告に対し、**貸金返還請求権に
基づき、100万円の支払を求める。**」などとして訴訟物を明確に表現す
べきです。

⚖ 弁護士の視点　　附帯請求がある場合の「よって書き」

　果実、損害賠償、違約金または費用のように、主たる請求に付帯して
行なわれる請求（附帯請求）も行う場合、「請求の趣旨」や「よって書き」
の記載内容はやや複雑になるので注意が必要です。

　附帯請求の典型は遅延損害金ですが、例えば以下のような記載となり
ます。

「請求の趣旨」
1　被告は、原告に対し、100万円及びこれに対する○年○月○日から
支払済みまで年3パーセントの割合による金員を支払え。

「よって書き」
よって、原告は、被告に対し、売買契約に基づく売買代金の残金100
万円及びこれに対する履行遅滞に基づく損害賠償請求として、支払期限
の翌日である○年○月○日から支払済みまで法定利率である年3パーセ
ントの割合による遅延損害金の支払を求める。

3 「よって書き」はきちんと書いていたはずが……

　弁護士としての基本的な対応としては、裁判官から「訴訟物は何ですか？」と尋ねられることのないよう、**「よって書き」で訴訟物を明確に表現しておく**ことに尽きます。

　もしも、「よって書き」で訴訟物を明示しているにもかかわらず、裁判官から「訴訟物は何ですか？」と尋ねられるとすれば、

・請求の趣旨の記載が訴訟物と整合していない
・原告の主張内容が訴訟物と整合していない（一般的な債務不履行責任に基づく損害賠償請求権を訴訟物としながら、弁護士費用を請求しているなど）

といった問題があると思われます。

　裁判官に質問の趣旨を確認した上で、主張の撤回や請求の追加的変更など、必要な対応を行いましょう。

2 「請求同士の関係は何ですか?」

裁判官からの質問の場面

裁:原告は訴状陳述、被告は答弁書陳述ですね。

弁:はい。陳述します。

裁:訴状について、売買代金の支払いと、契約解除に基づく動産引渡しを求めておられますが、**請求同士の関係は何ですか?**

弁:予備的併合です。主位的に売買代金の支払いを求め、予備的に契約解除に基づく原状回復として動産の引渡しを求める趣旨です。

裁:それではその旨を期日調書に残しておきます。

裁判官はなぜこの質問をするのか?

　訴訟物が複数あるケースで、選択的な関係であるか、主位・予備の関係であるか不明なことがある場合、この質問をすることがあります。

　特に、予備的併合は、裁判所がどの順番で判断すべきかを拘束するものであり、その後の審理方針に大きな影響を与え得るため（例えば、主位的請求が全部認容される心証を得られるのであれば、予備的請求に関し詳細な審理をする必要はないでしょう）、明確にしておく必要があります。10頁で述べたのと同様、訴状審査段階で指摘することもよくあります。

1 単純併合／選択的併合／予備的併合

　訴え提起に際して、原告において訴訟物を選択する必要があることは11頁で述べたとおりですが、訴訟物を1つに限定する必要はなく、複数の請求を並列的に行うこともできますし（**単純併合**）、相互の請求に一定の関係性を持たせることも認められています。「A請求またはB請求」というふうに、A、Bのいずれかの請求が認められることを求めることもできますし（**選択的併合**）、「主位的にA請求、予備的にB請求」というふうに順位をつけて判断を求めることもできるわけです（**予備的併合**）。

　選択的併合の例としては、医療事故による損害賠償として、不法行為又は債務不履行に基づく損害賠償請求を行うことが挙げられます。また、予備的併合の例としては、主位的請求として売買契約に基づく代金請求を、予備的請求として売買契約が無効であることを前提として不当利得返還請求や目的物の返還請求をすることなどが挙げられます。

　このように各請求の関係性をどのようなものとするか（選択的請求とするか、予備的請求とするか）という点は、どの訴訟物について裁判所に判断を求めるかという訴訟物の選択に関する事項ですので、原告が自由に選択することができ、**裁判所は原告の選択に拘束される**ことになります（処分権主義、民訴法246条）。

　したがって、訴訟を提起するにあたって複数の請求を行う場合、原告としては、各請求の関係性（単純併合／選択的併合／予備的併合）を明らかにしておく必要があります。

弁護士の視点　予備的な請求・主張は最初は避けるべき？

　以上のような手続法的な側面とは別に、訴訟戦術上、訴訟提起段階で予備的（ないし選択的）な請求・主張を行うことが妥当かどうかという点は、別途検討する必要があります。

　例えば、主位的請求として「売買契約に基づく代金請求権」、予備的請求として「契約締結上の過失に基づく損害賠償請求権」が考えられる

事例について考えてみます。

　このような事例において、訴訟提起段階で予備的請求を行うことは、主位的請求（そしてその前提である売買契約の成立の事実）に自信がないという**弱気な印象**を裁判官に抱かせないか、そのため訴状では主位的請求のみにとどめておく方がよいのではないかという考え方があります。これに対して、裁判官は証拠に基づいた事実認定を行うのであり、予備的主張の有無から心証を形成することはなく、また**審理の迅速化**に資することになるので、訴訟提起段階で予備的請求を行う方がよいという考え方もあります。

　この点について明確な答えがあるわけではありませんが、少なくとも、当事者同士の訴訟提起前のやり取りで（主位的請求の前提である）売買契約の成立が争われているのであれば、訴訟提起段階で予備的請求も行うのが妥当ではないでしょうか。というのも、そのような訴訟提起前のやり取りは通常は訴状に記載する（ないしは証拠を提出する）ことになるので、予備的請求をあえて伏せたところで裁判官に原告に有利な心証を抱かせることにはなりません。また、主位的請求のみとしたところで、「被告側が売買契約の成立を争う→原告側が予備的請求を追加する→被告側が予備的請求について反論する」というプロセスを経ることになるのは明らかで、いたずらに審理を長引かせることにしかならないと考えられるためです。

　以上の例については、主位的請求も予備的請求も認められない可能性がある（すなわち原告側が全面的に敗訴する可能性がある）ケースですので、予備的請求を行うことについてはある程度慎重にならざるを得ない面もあるかもしれません。これに対して、主位的請求として「売買契約に基づく代金請求権」、予備的請求として「売買契約が無効であることを前提とした目的物返還請求権」をするといったケースでは、基本的にはどちらかの請求が認められる（請求棄却は避けられる）という関係にあります。このような関係性にある請求については、（事前のやり取りの有無にかかわらず）訴訟提起段階で積極的に主張しておいて差し支えないと考えられます。

2 「よって書き」で各請求の関係性も明確に表現しよう

　各請求の関係性については、原告の主張を読めばわかるということもあるでしょうが、例えば以下のようにして、「**よって書き**」で明確に表現することが望ましいでしょう。

1 単純併合

　「よって、原告は、被告に対し、本件売買契約に基づく代金請求として100万円の支払を求める**とともに**、本件消費貸借契約に基づく貸金返還請求として200万円の支払を求める。」

2 選択的併合

　「よって、原告は、被告に対し、不法行為**又は**債務不履行に基づく損害賠償請求として100万円の支払を求める。」

3 予備的併合

　「よって、原告は、被告に対し、**主位的に**本件売買契約に基づく代金請求として100万円の支払を求め、**予備的に**本件売買契約の解除に基づく原状回復請求として本件目的物の引渡しを求める。」

※この例の場合は、主位的請求と予備的請求で請求内容が異なるため、請求の趣旨での書き分けが必要となることに注意が必要です。例えば、1（主位的請求）被告は、原告に対し、100万円を支払え／2（予備的請求）被告は、原告に対し、本件目的物を引き渡せ、などと記載します。

　その他の「よって書き」の記載例については、司法研修所編『民事判決起案の手引（補訂版）』（法曹会、2020年）の「事実摘示記載例集」が参考になります。

3 「請求の趣旨に ついてですが……」

 裁判官からの質問の場面

（訴状提出から数日後、裁判所書記官から電話で）

書：民事第○部書記官の××です。裁判官からの指示で、訴状の補正に関してご連絡させていただきました。

弁：訴状のどの点でしょうか。

書：**請求の趣旨についてですが**、「1」の請求金額について、請求原因の損害額と一致していないので、確認していただけますか。

弁：わかりました。確認の上、修正が必要であれば訴状訂正申立書を提出します。

 裁判官はなぜこの質問をするのか？

　請求の趣旨の記載と請求原因の記載とで齟齬が生じていたり、強制執行をすることができないものとなっていたりする場合、この質問をすることがあります。なお、補正の促しは裁判官の訴状審査権に基づいて行われますが、実務上は上記のとおり書記官を通じてやりとりされることが多いです（民訴規56条）。

1 「請求の趣旨」の記載は実務の作法に従う

訴状の「請求の趣旨」は、原告側が「裁判所に対してどのような判決主文を求めるか」を記載することになります。すなわち、請求の趣旨の記載は、判決の際に、「主文」として記載されることになるものですので、判決の結論そのものを、外形上他の部分の記載から分離して、簡潔かつ完全に記載し、それにより判決の効力・範囲が一見して明らかなものでなければなりません。

要するに、「請求の趣旨」の記載については**実務上の作法**があり、作法に従った記載とする必要があるのです。典型的な記載は以下のとおりです。

🖌 請求の趣旨の記載例

請求の趣旨

1 　被告は、原告に対し、○○円及びこれに対する令和○年○月○日から支払済みまで年３分の割合による金員を支払え

2 　訴訟費用は被告の負担とする

との判決及び仮執行宣言を求める。

「請求の趣旨」の記載が誤ったままであると、勝訴したにもかかわらず強制執行ができないという事態も起こりかねません。裁判官が誤りに気づいた場合には**補正**を促してもらえるかもしれませんが（民訴法137条1項）、誤りが看過されたまま判決に至ってしまう危険も否定できませんので、**原告側**において慎重に記載することが肝要です。

基本的な記載例や作法は司法研修所編『民事判決起案の手引（補訂版）』（法曹会、2020年）11頁以下が参考になりますが、網羅的なものではありません。実際上は、類似事案の裁判例を調査して**「主文」の記載を参考にする**という方法が、応用が利くのでおすすめです。

2 「請求の趣旨」のよくある間違い

よくある間違いは以下のとおりです。

1 単純な計算間違い

特に、交通事故訴訟等では費目が多く、計算間違いが起こりやすいため注意が必要です。スプレッドシートを用いて計算することが確実ですが、その場合にも小数点以下の取扱い（切下げ／四捨五入／切上げ）による誤差に注意しましょう。

2 弁護士費用の請求間違い

一般的な契約責任を前提とした請求であるにもかかわらず弁護士費用相当額が請求額に含まれているケースが散見されます。

3 督促異議の場合の請求の趣旨

仮執行宣言付与後の督促異議では、請求の趣旨が「1　○○裁判所○○号事件の仮執行宣言付支払督促を認可する。2　督促異議申立後の訴訟費用は被告の負担とする。」となるため、仮執行宣言が付与されているか否か注意しましょう。

4 意思表示を求める請求の趣旨に仮執行宣言も求めている

不動産登記関係訴訟のように、被告の意思表示を命ずる判決を求める場合、判決の確定によって被告が当該意思表示をしたとみなされることになり、仮執行宣言を付することはできないと解釈されています。そのため、「請求の趣旨」においても単に「判決を求める」との記載にとどめておく必要があります。

5 被告が複数の場合に、各被告の義務の範囲が不明確

被告が複数の場合、各被告の義務の範囲が明確になるよう、特に各債務が連帯関係にあるかどうか注意する必要があります。すなわち、連帯関係にないのであれば、「被告らは、原告に対し、それぞれ金100万円

を支払え」という記載になりますし、連帯債務である場合には、「被告らは、原告に対し、連帯して 200 万円を支払え」という記載になります。

　また、債務の一部のみが連帯関係にある場合にも、その旨が明確になるように記載する必要があります。例えば、「被告 Y 1 は、原告に対し、200 万円（ただし 100 万円の限度で被告 Y 2 と連帯して）を支払え。」などと記載します。

③ 特に注意すべき事案（不動産登記関係訴訟）

　請求の趣旨を記載する上で特に注意すべき事案は、不動産登記関係訴訟です。というのも、登記を行う法務局において独自の作法があり、法務局の作法に従っていない判決主文である場合、せっかく勝訴したにもかかわらず**登記できないという事態**が起こり得るためです。

　そのため、典型的な事案は別として、非典型的ないし複雑な事案については、**事前に法務局等に照会**し、法務局の作法に従った請求の趣旨となるよう調整しておくべきです。

④ 裁判官から指摘された場合の対応

　以上のとおり、請求の趣旨については実務上の作法に従う必要があり、万が一間違いがあった場合には、せっかく勝訴判決を得たにもかかわらず強制執行ができないということになりかねません。

　そのため、裁判官から「請求の趣旨についてですが……」と指摘があった場合には、真摯に検討し、**訴状訂正申立書**を別途提出するなど必要な対応を行いましょう。

　なお、軽微な修正の場合には、期日において事実上修正するというケースもあります。期日において事実上修正する場合には、修正文を記入の上、訂正印を押印することになりますので、**職印**を忘れず持参しておきましょう。

4 「郵便での送達が できませんでした」

 裁判官からの質問の場面

（訴状提出から数日後、裁判所書記官から電話で）

書：民事第○部書記官の××です。先日ご提出いただいた訴状を
　　被告に送達しようとしたのですが、**郵便での送達ができませ
　　んでした。**

弁：そうですか。不送達の理由はどのようなものだったのでしょ
　　うか。

書：あて所に尋ねあたりません、ということでした。

弁：なるほど。住所を改めて調査してみますが、就業場所への送
　　達も検討します。いずれにせよ、送達先変更等の上申をする
　　ことになると思います。

書：お願いします。

 裁判官はなぜこの質問をするのか？

　送達先を再検討したり、調査を行う必要がある場合、この質問
をすることがあります。

　なお、送達に関する事務は裁判所書記官が取り扱っているため
（民訴法 98 条 2 項）、この質問は書記官からされることになりま
すが、質問するにあたり、裁判官との間で事前に協議が行われて
います。

1 通常の送達方法（交付送達）

訴状が適式なものとして受理されると、裁判所（裁判所書記官）は訴状の副本を被告に送達します（民訴法 138 条 1 項）。訴状を含む書類の送達は、原則として郵便（または執行官）によって、受送達者に対して書類を交付する、すなわち直接手渡す方法で行います（交付送達の原則。改正民訴法 102 条の 2）。通常行われる送達（交付送達）の方法を整理すると、以下のとおりとなります。

1 裁判所書記官による交付送達

受送達者が裁判所に出頭した場合、**裁判所書記官**は送達書類を**自ら**交付する方法で送達を行うことができます（改正民訴法 102 条）。

訴状の副本を送達する段階で、被告が裁判所に出頭することは通常は考えられないため、この方法で送達が行われることは多くありません。

もっとも、事前の交渉段階で被告側に代理人弁護士が就いているケースでは、被告代理人が裁判所担当部に委任状を持参し、訴状副本の交付を受けることがあります。被告本人が「自宅等への送達を避けたい」と希望するような場合、原告代理人と協議した上でこのような方法を活用することを検討してよいでしょう。

2 郵便による送達（特別送達）

訴状の副本の送達にあたっては、多くの場合、**郵便**による送達の方法が採用されています。これは、「**特別送達**」と記載された裁判所の名前入りの封書を、配達職員が受送達者に交付する方法です。

この郵便による送達については、受送達者の所在状況に応じていくつかのバリエーションがあります。

①受送達者が送達場所にいるとき

配達職員が受送達者に対して書類を交付する方法で送達します。これがもっとも典型的な送達方法です。なお、送達場所は、基本的には受送達者の住所とされることがほとんどですが、住所等が明らかでない場合

や、住所等における送達に支障があるときは、受送達者の**就業場所**を送達場所とすることもできます（民訴法103条2項）。

②受送達者が送達場所にいないが、従業者や同居者がいるとき

使用人その他の従業者または同居者であって、書類の受領について相当のわきまえのある者がいる場合には、その者に対して書類を交付する方法で送達することもできます（民訴法106条1項。送達場所が就業場所の場合については同条2項）。これを**補充送達**といいます。

③受送達者（または従業者・同居人等）が書類の受け取りを拒むとき

受送達者（または従業者・同居人等）が、正当な理由なく書類の受け取りを拒んだときは、送達場所に書類を差し置く方法で送達することができます（民訴法106条3項）。これを**差置送達**といいます。

⚖ 弁護士の視点　民訴法改正

民事訴訟法等の一部を改正する法律（令和4年法律第48号）により、民事訴訟制度のIT化が進められることになりました。

書面による提出が必須であった訴状等について、オンラインでの提出が可能となったほか（改正民訴法132条の10以下）、裁判所からの送達をオンラインによることが可能となり、また弁護士によるオンライン提出及び受取りが義務化されています（改正民訴法109条以下、132条の11以下）。具体的な施行日は現時点で未定ですが、今後の行方を注視していく必要があるでしょう。

2　交付を要しない特殊な送達方法

以上のような通常の送達方法（交付送達）で送達できない場合、以下の方法により送達することを検討します。

1 書留郵便等に付する送達（付郵便送達）

書留郵便等に付する送達（**付郵便送達**）とは、裁判所書記官が、送達書類を書留郵便に付して受送達者の住所等に発送し、その発送をもって

送達があったものとみなす送達方法です（民訴法 107 条 1 項、 3 項）。実際に受送達者に交付するに至らなくても、**発送した時**に送達の効果が生じることになるため、有効に送達できるというわけです。

　付郵便送達が認められるためには、受送達者の住所等が判明しているものの、交付送達（前記❶）ができない場合でなければなりません（民訴法 107 条 1 項）。受送達者が**当該住所等に居住等**しており、発送時に**現実に受送達者に到達する可能性**があることが前提とされていますので、郵便物が「**転居先不明**」や「**あて所に尋ねあたりません**」として戻ってくるような場合（つまり当該住所等に居住等していないと考えられる場合）には、付郵便送達は**認められない**ことになります。

2 公示送達

　公示送達とは、受送達者の住所等が不明である場合などに、公示により行う送達方法です（民訴法 110 条 1 項）。初回の公示送達は、掲示開始から**2 週間の経過**により送達としての効力を生じ、その後は掲示開始日の**翌日**に効力を生じることになります（民訴法 112 条 1 項）。郵送等の現実の送付を要せず、公示をもって送達があったとみなす方法で、他の手段によることができない場合の**最後の手段**です。

　公示送達が認められるためには、以下のいずれかに該当する必要があります（民訴法 110 条 1 項）。
①当事者の住所、居所その他送達をすべき場所が知れない場合
②付郵便送達ができない場合
③外国送達ができない場合

⚖️ 弁護士の視点　送付（直送）

　「送達」は書類の送付方法としてもっとも確実な方法ですが、費用・手間・時間のかかる方法です。そのため、「送達」が求められるのは、以下のような訴訟上重要な効果が生ずる場合に限られています。
・訴状、反訴状、訴えの変更申立書等（民訴法 138 条 1 項、146 条 4 項、143 条 3 項）

・補助参加などの各種参加申出書（民訴規 20 条 1 項 2 項）

・訴訟告知書（民訴規 22 条）

・訴えの取下書（民訴法 261 条 5 項）

・控訴状、上告状、上告理由書等（民訴法 289 条 1 項、313 条、民訴規 198 条）

・判決書（民訴法 255 条 1 項）

　これら以外の書類については、より簡易な書類の伝達方法である「**送付**」、すなわち送付書類の写しを交付（手渡しまたは郵送）するかＦＡＸで送信する方法（民訴規 47 条 1 項）で行います。

　「送付」は裁判所が行うものもありますが、当事者が直接相手方に送付することを「**直送**」といいます（民訴規 47 条 1 項）。

　実務上は、準備書面や証拠書類の写し、証拠説明書、証拠申出書など、多くの書類は「送達」ではなく「送付」（裁判所に対する送付＋相手方に対する直送）によっています。ただし、送達手続によらなければならない書類（訴えの変更申立書や訴えの取下書等）を誤って送付（直送）で済ましてしまうことがよくあります。注意しましょう。

3　郵便による送達ができなかった場合

　以上のとおり、訴状については、通常は郵便による送達が行われることになりますが、受送達者へ直接交付することができず、また補充送達や差置送達も不可（要するに、ピンポンを押しても誰も出てこない）というケースがあります。この場合には、冒頭のように、書記官から「**郵便での送達ができませんでした**」と言われることとなります。その後の原告代理人の対応は、**不送達となった理由**によって異なってきますので、書記官に不送達となった理由を確認の上、以下のように対応することになります。

1　「留置期間満了」の場合

　「留置期間満了」を理由として不送達となった場合、当該送達場所に受送達者が居住等している可能性が高いものの、受送達者が再配達依頼等を怠ったために不送達となったものと考えられます。

このような場合、まずは再配達の上申書を裁判所に提出し、再配達してもらうということが考えられます（在宅日時がわかるようであれば日時を指定することもあり得ます）。また、受送達者の就業場所が判明しているのであれば、送達先変更の上申書を裁判所に提出し、送達先を就業場所に変更して送達する（民訴法103条2項）ことも考えられます。

　これに対して、受送達者が意図的に書面を受け取ろうとしないような場合（いわゆる居留守）、再配達をしても空振りになりますので、必要な調査を行った上で、付郵便送達を検討することになります。

　付郵便送達による送達を求める場合、実務上は、その旨の上申書を裁判所に提出するとともに、付郵便送達の前提条件（受送達者が当該住所等に居住等していること）を裏付けるために、添付書類として住民票や調査報告書を併せて提出することになります。調査報告書の書式については、裁判所職員総合研修所監修『民事実務講義案Ⅱ（五訂版）』（司法協会、2016年）46頁等が参考になります。

2 「転居先不明」「あて所に尋ねあたりません」の場合

　「転居先不明」や「あて所に尋ねあたりません」を理由として不送達となった場合、受送達者は当該送達場所に居住していない可能性が高いです。転居先や就業場所が判明すれば、送達先変更の上申書を裁判所に提出し、改めて転居先等に送達してもらえばよいでしょう。

　しかしながら、必要な調査等を行っても転居先等が判明しない場合には、公示送達の申立てを検討することになります。公示送達を行う場合、公示送達申立書を裁判所に提出するとともに（民訴法110条1項）、公示送達の要件を裏付けるために、付郵便送達の上申と同様に、住民票や調査報告書を提出することになります。

5 「請求原因（や関連事実）を補足していただけますか？」

 裁判官からの質問の場面

（第1回口頭弁論期日の前に裁判官から電話）

裁：訴状の記載内容について確認させていただきたいことがあります。貸金返還請求について令和○年○月○日からの遅延損害金を求めているように思われるのですが、この起算日の根拠は何ですか？

弁：催告後、相当期間が経過した日だったと思います。催告期間は定めていませんでしたので。

裁：催告した日はいつですか？　訴状には特に記載されていないようですが。

弁：失礼しました。○月○日に内容証明郵便を送付して催告していました。

裁：それでは訴状訂正書で**請求原因を補足していただけますか？**

 裁判官はなぜこの質問をするのか？

　主要事実が不足していたり不明確である場合、この質問をします。上記例は、返還時期の合意がない貸金返還請求であり、催告期間の末日か、客観的相当期間の末日が到来している必要があります。催告期間を定めていないのであれば、客観的相当期間の始点である催告日を主要事実として主張する必要があるというわけです。

1 請求原因（狭義の請求の原因）とは

請求原因とは、「訴訟物である権利または法律関係を発生させるために必要な法律要件に該当する事実」を意味します。民訴規53条1項は訴状の記載事項を定めていますが、このうち、「請求を理由づける事実」がこれにあたります。**主要事実**、**要件事実**と言い換えてもよいでしょう。

⚖ 弁護士の視点　「請求の原因（広義の請求の原因）」

民訴規53条1項を見ると、「請求の原因」という用語が出てくることに気づきます。これは、同項括弧書きのとおり、「請求を特定するのに必要な事実」を意味するものです（これを「広義の請求の原因」といい、上記の解説で述べた請求原因を「狭義の請求の原因」と呼ぶ例もあるようです）。例えば、金銭の請求の場合、請求の趣旨（「金1000万円を支払え」）だけではどのような債権なのか特定できません。そのため、どのような約定でいくら貸し付けたというような、他の請求から区別して特定するために必要な事実を提示しなければなりません。

この「広義の請求の原因」は、民訴法134条2項2号の「請求の（中略）原因」であり、この記載を欠いた訴状は却下されることになります（民訴法137条）。通常は請求の趣旨だけでは、原告の求める請求がどのようなものかは特定できませんので、「請求の原因」として他の請求と区別できるような記載がなければ**訴状が却下**されることになるというわけです。

紛らわしいですが、上記の解説で述べた「請求原因」（狭義の請求の原因）とは一応異なる概念です。

なお、訴状においては、原告の具体的な言い分やそれを裏付ける証拠を明らかにすることで、第1回口頭弁論期日から実効的な審理を行えるよう、「請求を理由づける事実」（請求原因）を具体的に記載するとともに、関連する事実（間接事実）で重要なもの及び証拠を記載しなければならないと定められています。民訴規53条1項は訓示的な規定にとどまり、記載を欠いたからといって訴状が却下されることにはなりません。

2 請求原因（や関連事実）の補足を求められた場合

　第1回口頭弁論期日等において裁判官から「請求原因（や関連事実）を補足していただけますか？」と求められた場合、訴状の記載に以下のような問題があった可能性があります。

①請求を理由づける主要事実（要件事実）が不足している。
②主要事実（要件事実）のみの記載にとどまり、重要な関連事実や証拠の記載が欠けているため、紛争の実情を十分に把握できない。

　①は法律要件を欠くことになるので、「このままでは請求が認められないよ」という**警告**ともいえます。裁判官に趣旨を確認した上で、速やかに主張を補充する必要があります。擬制自白（民訴法159条1項）による欠席判決が見込める場合（被告が答弁書を提出せず期日にも出頭しないことが見込まれる場合）には、主要事実（要件事実）の不足がないか注意深く確認しておきましょう（遅延損害金のような付帯請求について、起算日の根拠等の記載を欠くケースがしばしば見られます）。
　②については、例えば、売買代金の請求を行う場合、売買契約が成立した事実を主張していればそれで十分かというと、そうではありません。確かに、この場合の主要事実は売買契約が成立した事実（原告が被告に目的物を○円で売ったこと）ですが、それのみでは売買契約に至った動機や訴訟に至った経過等が明らかでなく、裁判官は**紛争の実情**を全く把握できません。
　これらの関連事実は、主要事実を推認させるという意味で主要事実の立証そのものに役立つこともあります。また、紛争の実情を裁判官に理解してもらうことで、和解も含めた適切な解決へ導いてもらうことにもつながりますので、訴状できちんと記載しておくべきです（民訴規53条1項が重要な間接事実等の記載を求めるのも同様の趣旨といえます）。
　紛争の実情を把握するために関連事実として記載すべき点は事案によりますが、例えば以下の点が挙げられます。

・事案の概要（数行程度の簡単な説明）

・当事者の属性、関係性

・紛争を理解する上で必要な背景事情や前提関係

・紛争に至った経緯（時系列がわかりやすい）

・訴訟に至るまでの経緯（当事者同士のやりとりの内容等）

・調停や労働審判等において当事者の言い分に食い違いがあった事項

　既に述べたとおり、裁判官が紛争の実情を把握できるよう、訴状の段階でこれらの関連事実を十分記載しておくべきです。裁判官から、「請求の原因等を補足してください」と求められた場合には、どういった事実が知りたいのか確認した上で、準備書面を作成し、主張を補充することになるでしょう。

❸ 「請求原因を具体的にしてください」と言われた場合

　また、裁判官から「請求原因を具体的にしてください（特定してください）」と求められることもあります。裁判官がこのように求めるのは、請求原因自体については言及されているものの、その内容が抽象的なものにとどまっているような場合です。

　よく見られるのは、一連の事情を羅列した上で、不法行為が成立するとして損害賠償を求めるようなケースです。このような場合、具体的に被告のどの行為（または過失）が不法行為に該当すると主張しているのかが判然とせず、被告側で的確な反論を行うこともできませんから、この点を明確にする必要があるわけです。

「資力を明らかにする資料を
提出していただけますか？」

 ### 裁判官からの質問の場面

裁：先日訴状を提出していただいた、令和〇年（ワ）第〇〇号事件に関して、訴訟救助の申立てがされているところですが、**資力を明らかにする資料を提出していただけますか？**

弁：法テラスの援助開始決定書を提出していると思いますが。

裁：それだけでは資力の有無を判断できませんので、収入額と預貯金額がわかる資料を提出してもらえませんか？

弁：わかりました。

 ### 裁判官はなぜこの質問をするのか？

　訴訟上の救助を付与するか否か判断するにあたり、資力要件に関する疎明資料が不足しているときにこの質問をすることがあります。上記例のほか、収入額に関する疎明資料のみが提出されることもよくありますが、収入（フロー）のみならず資産（ストック）に関する疎明資料も見なければ、資力要件を判断できませんので、注意してください。

1 訴訟上の救助

　訴訟上の救助とは、資力がない者等の申立てにより、本来であればその者が負担しなければならない裁判費用の支払いを、裁判所が猶予する制度です（民訴法 82 条、83 条）。

　訴訟上の救助付与が決定されると、その審級における裁判費用（訴え提起手数料、証人・鑑定人の旅費・日当、郵便送達費用等）の支払いが猶予されます（民訴法 82 条 2 項、83 条 1 項）。

　訴え提起手数料の支払いが猶予されると、訴状に収入印紙を貼付する必要がなくなりますし、郵便送達費用等が猶予されると、これらの費用の予納も不要となるわけです。

　重要なのは、法テラスによる民事法律扶助と異なり、**弁護士報酬は訴訟上の救助の対象でない**こと（例外として民訴法 83 条 1 項 2 号）、支払いの免除ではなく**猶予にすぎない**ことです。

　ただし判決や和解において相手方が訴訟費用を負担することになった場合、裁判所は取立決定を行って相手方から直接取り立てることができます（民訴法 85 条、民訴費法 16 条 2 項、15 条 1 項）。

2 救助付与の要件

　訴訟上の救助が付与されるための要件は、①訴訟の準備及び追行に必要な費用を支払う**資力がない**こと（もしくは、これらの費用の支払いにより生活に著しい支障を生ずること）、②**勝訴の見込みがないとはいえない**ことです（民訴法 82 条 1 項）。

　そして、これらの要件を満たすことについて、申立人が疎明する必要があります（民訴規 30 条 2 項）。

　要件のうち、①資力要件については、申立人の収入（フロー）及び資産（ストック）から必要な経費を控除した上で、当該訴訟に要すると考えられる裁判費用や弁護士費用等の諸経費（ただし訴訟上の救助の対象となるのはあくまでも裁判費用のみ）を支出することが可能かどうかを全体的に判断することになります。なお、申立人と生計を同じくする家

族の収入や支出等も、資力の判定にあたって考慮されます（菊井維大＝村松俊夫原著『コンメンタール民事訴訟法Ⅱ　第3版』（日本評論社、2022年）128頁）。

　また、②勝訴の見込みについては、濫訴防止のための要件にすぎず、緩やかに判断されています。主張自体失当である場合や、敗訴の公算が極めて大きい場合はともかく、訴状に記載された主張が、法律上及び事実上是認される可能性があれば、本要件をみたします（兼子一原著『条解民事訴訟法　第2版』（弘文堂、2011年）355頁）。

3 救助付与の申立て方法

　訴訟救助の申立てについては、書面（訴訟上の救助申立書）で行う必要があり（民訴規30条1項）、通常は訴状提出と同時に申し立てることになります。

　また、上記2で述べた救助付与の要件の具備を疎明するために、疎明資料も添付します。勝訴の見込みについての疎明は、通常は**訴状の記載で足りる**ことになるでしょうが、資力要件の疎明のために、**法テラスによる民事法律扶助の援助開始決定書の写し、所得証明書、非課税証明書、失業保険受給証明書、生活保護受給証明書等**の疎明資料を提出します。

　なお、訴状提出段階では、印紙を貼付しないで訴状を提出することになりますので、訴状の「貼用印紙額」欄には、「訴訟救助申立てのため印紙は貼付しない」などと記載しておくのがよいでしょう。

4 資力を明らかにする資料の提出を求められた場合

　訴訟救助の申立てを行った際に、裁判官から「資力を明らかにする資料を提出していただけますか？」と言われることがありますが、これは、2の資力要件に関する疎明資料が不足していることを意味します。どのような資料が欠けているか裁判官に確認の上、疎明資料を追加しましょう。

　よくあるケースとして、資力要件に関する疎明資料として、法テラス

による民事法律扶助の援助開始決定書しか提出されないということがあります。

　法テラスの民事法律扶助においても、当事者の収入（フロー）及び資産（ストック）が確認されている以上、援助開始決定書は有力な疎明資料といえます（援助開始決定書がある場合には通常資力要件をみたすとする見解もあります。賀集唱＝松本博之＝加藤新太郎編『基本法コンメンタール民事訴訟法Ⅰ』（日本評論社、2008 年）204 頁）。

　ただし、民事法律扶助の要件と、訴訟上の救助付与の要件は同一ではありませんし、収入（フロー）及び資産（ストック）に関する疎明資料を改めて提出するのが穏当であると考えられます。

　実際、法テラスの民事法律扶助は受けることができたが、訴訟救助の資力要件は充たしていないとして却下された事例も散見されます。

第2章

答弁書・準備書面に関して
訊かれること

7 「実質答弁はいつまでに 提出されますか?」

裁判官からの質問の場面

（第1回口頭弁論期日）

裁：原告は訴状陳述、被告は答弁書陳述ですね。

弁：はい。

裁：被告の答弁書では、認否・反論はおって主張するとされています。**実質答弁はいつまでに提出されますか？**

弁（被告）：1か月半いただければと思います。

弁（原告）：少しかかりすぎではないでしょうか。

裁：被告代理人が受任後間もないことを踏まえてもやや長いと思いますが、何か事情がありますか？

弁（被告）：実は、ご本人の体調がすぐれず、事実確認に時間を要するため、書面提出に通常以上の期間を要します。

裁判官はなぜこの質問をするのか？

答弁書がいわゆる三行答弁にとどまっている場合、実質答弁が提出されるタイミングを確認した上、次回期日を調整することになります。被告側は、突如訴えられ、全く準備ができていないことも多いため、実質答弁の提出に時間を要することは理解できますが、合理的期間内にとどめる必要があります。あまりに長い場合、その理由を尋ね、原告の意見も踏まえた上で提出期限を定めることになります。

1 答弁書の提出

　訴えが提起されると、訴状審査後、被告に対して、訴状の副本が送達されます（民訴法138条1項。併せて、訴状の添付書類や書証の写しも送達されます）。その際、裁判所と原告の間で事前に日程の調整を行って期日を指定し、第1回口頭弁論期日の呼出し（民訴法139条）も行われることが通常です(併せて答弁書の提出期限も指定されます)。そして、訴状等の送達を受けた被告は、答弁書を作成し、これを第1回口頭弁論期日前に裁判所に提出するとともに、原告に直送することになります(民訴規79条1項、83条1項)。

2 答弁書の記載事項

　答弁書の記載事項については、民訴規80条に定められており、①請求の趣旨に対する答弁、②認否、③抗弁事実、④重要な間接事実及び証拠を記載することになります。実際には、「第1　請求の趣旨に対する答弁」に①を、「第2　請求の原因に対する認否」に②を、そして「第3　被告の主張」に③及び④を記載するという構成にすることが多いでしょう。

　答弁書の提出期限は、通常は**第1回口頭弁論期日の1週間前**とされますが、第1回口頭弁論期日については民訴規則上は訴え提起から30日以内に指定することとされており（民訴規60条2項）、答弁書提出期限までに被告側で事実確認等を十分に行えないということがあります。そのような場合、実務では、「第1　請求の趣旨に対する答弁」（上記①）のみの記載にとどめ、その他については省略する（「**おって認否・反論する。**」などと記載するにとどめる）ことがあります。このような答弁を「**三行答弁**」と呼び、これに対してその後において詳しく主張された認否・反論（すなわち上記②～④）を「**実質答弁**」と呼ぶことがあります。このように答弁書を三行答弁とした場合、当然ですが、速やかに実質答弁を準備し、提出する必要があります（民訴規80条1項後段、2項後段）。

　第1回口頭弁論期日は、被告側の都合を確認せずに指定される期日で、また答弁書を提出しておけば擬制陳述（民訴法158条）と取り扱われることもあって、被告側が欠席することもよくあります。

　被告側としては、欠席予定である場合には、被告の都合を踏まえた次回期日の日程調整を事前に行えるよう、欠席予定の旨を答弁書に記載するか、裁判所に別途連絡すること（答弁書を裁判所に持ち込む際に書記官に口頭で伝えるなど）が望ましいでしょう。

3 「実質答弁はいつまでに提出されますか」と訊かれた場合

　答弁書について、三行答弁で済ました場合（上記①のみとした場合）、第1回口頭弁論期日において、裁判官から「実質答弁はいつまでに提出されますか？」と期限を確認されるでしょう。これは、期日の進行（次回期日の日程や書面の締切）を決めるため、被告が「おって主張する」とした上記②〜④について、いつまでに用意できるのかを確認するための質問です。

　尋ねられた被告としては、準備に必要な期間を回答することになります。あまりに長い期間を回答した場合、時間を要する理由を説明するよう裁判官から求められることがありますし、相手方からの反感も買いかねませんので、合理的な期間にとどめる必要があります。

　第1回口頭弁論期日までにあまり準備期間がなかったような場合（訴状送達から期日までの期間が短い場合や被告代理人が受任して間もない場合など）はある程度の期間を要するとしてもやむを得ないと考えられるでしょう。逆に期日までに十分な準備期間があったと考えられるような場合には、長期の準備期間を要求しても納得は得られません。むしろ三行答弁で済ませることが不合理であるとして、期日までに実質答弁を行わなかったことを非難されることもあるかもしれません。

⚖ 弁護士の視点　三行答弁の実際

　39頁で述べたとおり、民訴規上は、訴え提起から30日以内に第1回口頭弁論期日を指定することとされていますが、実際には、それよりも後に指定されることが多い印象です。というのも、実際に30日以内に指定した場合には、被告側で十分な準備をすることはまず不可能なので（そもそも送達されるまでに時間を要し、答弁書の提出期限は通常期日の1週間前）、期日において実質的な審理が行えなくなってしまうためです。

　指定された答弁書提出期限までに実質答弁も含めた主張を行うか、三行答弁で済ますかというのは、事案の難易や受任した時期にもよりますが、通常の事案であれば以下を目安としてはどうでしょうか。

・訴状送達から期日までの期間が1か月～1か月半程度
　→三行答弁でもやむを得ないが、できるだけ早く実質答弁できるよう速やかに準備に着手する。
・訴状送達から期日までの期間が2か月弱
　→できれば三行答弁は避ける。反論方針を決定し、少なくとも反論の骨子は示す。
・訴状送達から期日までの期間が2か月超
　→三行答弁は避け、実質答弁まで記載する（できる限り反論を完結させる）。

　なお、期日におけるウェブ会議システムの利用が進んだ近時においては、三行答弁を陳述するだけの期日はそもそも開催せず、期日外に実質答弁の提出のタイミングを確認した上で日程調整し、指定されていた第1回口頭弁論期日の指定を取り消して、実質答弁提出後に第1回のウェブ期日（弁論準備手続期日等）を指定するという方法が増えています。

8 「否認の理由を 教えていただけますか?」

裁判官からの質問の場面

裁:被告の答弁書○頁○行目において、「原告が被告に100万円貸し付けた」という原告の主張を否認しています。**否認の理由を教えていただけますか?**

弁:そのような事実はないという趣旨なのですが……。

裁:貸し付けた事実がないというのは、そもそも金銭返還の合意がないということもあれば、合意はあるものの金銭の交付を受けていないということもあると思うのですが。

弁:なるほど。合意もないし、金銭交付も受けていないという趣旨でした。

裁:その旨は弁論調書に記載させていただきますね。

裁判官はなぜこの質問をするのか?

　上記例では、①金銭返還の合意と、②金銭の交付のうち、どの点を争うかという主要事実レベルでの認否が不明瞭であるため確認しています。①②ともに否認するとなると、被告としてはこれ以上理由を述べようがないというケースもあるかもしれません。他方、①は否認するが②は認めるというのであれば、どういった経緯で金銭が交付されたのか(贈与が典型的でしょう)、①の否認理由を主張するよう求めることになります。

1 認否の必要性

　答弁書においては、訴状に記載された事実に対する**認否**を記載する必要があります（民訴規80条1項）。

　弁論主義の下では、主要事実（要件事実）は当事者の主張に現れない限り裁判所は判決の資料とすることができませんし、当事者に争いがない場合には裁判所はこれに反する認定を行えません。そのため、当事者が主張する**主要事実（要件事実）**について、相手方はどれを争い、どれを認めるか認否を明らかにする必要があります。

　また、裁判所が事案を的確に把握して早期に争点整理し、迅速・効率的な審理を行えるよう、**主要事実（要件事実）以外の事実**に対する認否も必要となります。民訴規80条1項が認否の対象を「請求を理由付ける事実」ではなく「**訴状に記載された事実**」としている（つまり重要な間接事実に対する認否も求めている）のはそのためです。

2 認否の記載方法（基本の4種類）

1 「認める」

　相手方の主張する事実が**存在する（正しい）**場合の記載です。**主要事実**の場合には**裁判上の自白**が成立し、裁判所を拘束することになりますので（民訴法179条）、「認める」とする対象は**慎重に**検討する必要があります。

2 「否認する」

　相手方の主張する事実が**存在しない（誤っている）**場合の記載です。

　否認する場合には、単に「否認する」というだけではなく、争点をより明確にするため、**否認の理由**を記載しなければなりません（民訴規79条3項。いわゆる「理由付き否認」）。例えば、「否認する。原告が貸し付けたと主張する○万円は、贈与として受け取ったものであった。」などのように、相手方の主張と両立しない事実を示すなどして、否認の理由を簡潔に説明することになります。

3「不知」

相手方の主張する事実が存在するかどうか（正しいかどうか）**わからない**場合の記載です。**自己が関与した事実**については「不知」と認否することは許されません。

「不知」の場合、民訴法159条2項によりその事実を**争ったものと推定**されますので、当該事実を認定するためには証拠等で証明する必要があることになります。

4「争う」

相手方の**法律上の主張や評価**が誤っている場合の記載です。「事実」に対するものではなく、厳密には認否の対象ではありませんが、記載するのが通例となっています。

以上が認否の基本的な記載方法ですが、認否を記載しない場合（沈黙）、弁論の全趣旨からその事実を争っていると認められるとき以外は自白とみなされてしまいます（民訴法159条1項）。そのため、特に**主要事実（要件事実）については認否の漏れがないように注意**しましょう。

3 よく用いられる実務的な表現

1「おおむね認める」

相手方の主張の一部に軽微な誤り（誤記等）があるがその他は正しい場合に用いることがあります。ただし、認める対象が不明確となってしまうので、争点との関係で重要な意味をもつ事実については、このようなあいまいな表現は避けるべきです。もしくは「おおむね認めるが、正しくは……である。」などとして、なぜ「おおむね」なのかわかるように表現するとよいと思われます。

2 理由なし否認

上記のとおり、否認をする場合には、その理由を記載しなければなりません（民訴規79条3項）。

しかしながら、認否の対象となる事実によっては、**否認の理由を記載しようがない**場合もあります（自己に関する事実だが全く身に覚えのない事実である場合など）。このような場合は、単純に「否認する」とするか、「否認する。そのような事実はなかった。」などの記載にとどめざるを得ないでしょう（「そのような事実はなかった」というのは、「否認する」の言い換えであって、厳密にいえば否認の理由を記載したことにはならないと思われます）。

3 「否認（不知）ないし争う」

　相手方の主張が、事実の主張か法律上の主張か判然としない（あるいは混然としている）場合によく用いる表現です。

4　その他の注意点

1 相手方のあいまいな主張を放置しない

　相手方のあいまいな主張を放置してしまうと、争点自体が不明確になってしまいますし、勝手に善解して「認める」と認否してしまうことは自らの首をしめることにもなりかねません。相手方のあいまいな主張については、求釈明を行うなどして必要な対応を行いましょう。

2 否認理由の検討は慎重に

　上記のとおり、否認をする場合には、その理由を記載しなければならず（民訴規79条3項）、認否の段階で、否認理由を簡潔に記載しておくことが望ましいことは当然です。

　もっとも、依頼者から否認理由に関する事情聴取をする中で、説得力が乏しいと感じる場合や、客観証拠を十分に確認する必要があるという場合があります。問題となっている事実関係が、争点との関係で重要なものである場合には、**否認理由の内容**や**裏付け**を慎重に確認しましょう（安易に否認理由を記載した結果、後から決定的な反論が提出されてしまうということがあります）。

「(答弁書や準備書面について) 認否・反論していただけますか?」

裁判官からの質問の場面

裁：被告は第1準備書面陳述ですね。

弁（被告）：はい。

裁：被告の方で、詳しく反論していただきました。請求原因レベルでは、不法行為の成否が争われていますが、事実関係に大きな食い違いはなく、事実をどう評価するのかが中心的な争点となりそうですね。抗弁レベルでは消滅時効の成否が争点となりますかね。

弁（原告）：同じ認識です。

裁：それでは、これらの争点を中心に、原告側で**認否・反論していただけますか？**

裁判官はなぜこの質問をするのか？

　審理が始まったばかりの段階であれば、どの点が争点になるかもわからないため、単に「認否・反論してください」などと総花的に反論を促すことが多いです。審理がある程度進むと、上記例のように、中心的な争点を確認した上、メリハリをつけた反論を促すようになります。さらに審理が進むと、「この間接事実に対する反論はありますか？」などと特定の事実に絞って反論を促すなどして、心証を形成していくことになります。

1 答弁書に対する認否・反論

　答弁書について反論しようとする場合、原告は、答弁書に記載された事実に対する認否、再抗弁事実、重要な関連事実を記載した準備書面を提出する必要があります（民訴規81条）。

　もっとも、これらの記載が常に要求されるわけではなく、答弁書の内容に応じて、反論に必要な範囲で記載すれば足ります。

　本来的には、**抗弁事実や、それに関連する事実**については認否を明らかにすべきですし、当事者の主張立証関係を早期に明らかにするためには、訴状に現れていない**新たな事実関係**についての主張についても認否を明らかにするのが望ましいと思われます。

　もっとも、当事者の主張内容から認否が明らかであるというケースも多く、答弁書に対する認否の記載を割愛する（反論のみとする）準備書面も多く見られます。

2 反論書面(準備書面)に対する認否・反論

　答弁書に対する反論の準備書面が提出された場合、被告がさらに再反論を行う必要があることが多く、その旨の準備書面を提出することになります。この場合にも、民訴規81条に記載された事項（事実に対する認否、再再抗弁事実、重要な関連事実）を記載します。

　なお、この再反論書面については、民訴規81条が直接適用されるわけではありませんが、「原告の提出する訴状、被告の提出する答弁書に加え、第3番目の書面として、被告の答弁に対する原告の反論の準備書面についてまで明文の規定を設けることとしているが、第4番目以降の書面についても、本条と同様に、事実の記載や資料の添付が行われるべきである」（最高裁判所事務総局民事局監修『条解民事訴訟規則』（司法協会、1997年）178頁）と考えられています。

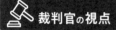

裁判官の視点 　わかりやすく説得力のある準備書面

　　原告第１準備書面で現れた新たな事実に対し逐一認否し、被告第１準備書面で現れた新たな事実に対し逐一認否し……という書面が続くと、裁判官としては「非常に読みづらくわかりづらい」というのが率直な感想です。

　　裁判官は、おおまかなストーリーとして当事者双方の主張を把握した上、それが争いのない事実や証拠とどの程度整合しているかを検討することが多く、争点との関連性に乏しい事実について争いがあるか否かを事細かに把握する実益は乏しいです。

　　従前主張していたストーリーからして認否が明らかな事実や、周辺的な事情について事細かに認否するよりも、自身のストーリーがいかに証拠等に整合し、相手のストーリーがいかに証拠等に整合しないのかを記載する方が、わかりやすく説得力のある準備書面になります。

３　いつまで反論するのか

　　以上のようにして、訴状→答弁書→反論→再反論→再々反論……と続くことになるわけですが、いつまで反論をすることになるのでしょうか。一言でいうと、当事者の立場からいえば「主張が尽きたとき」ですし、裁判官の立場からいえば「心証が形成されたとき」です（人証等がある場合、人証等以外の証拠に基づく暫定的な心証にとどまります）。

　　迅速な審理を実現するためには、主張が尽きた段階で、速やかに次の段階（人証、鑑定、弁論終結等）に進める必要があり、不必要な反論のために期日を重ねることは避けなければなりません。

　　そこで、相手方から準備書面が提出された場合には、期日までに**反論の要否（主張が尽きたかどうか）をあらかじめ検討**しておく必要があります。

　相手方の準備書面の反論の要否を検討するに際しては、従前の主張がそのまま反論になるのであれば、これ以上の反論は不要（主張は尽きている）ということになると考えられます。

　複雑な事件では、従前の主張との関係性（同じ主張なのか新しい主張なのか）を整理しないまま漫然と反論を記載してしまうことがありますので、同じ主張なのであれば「第〇準備書面〇頁で述べたとおり……」などと記載して整理しておくことが有益です。

　多くの場合は、裁判官から「反論しますか？」と尋ねられ、それに回答するという流れになりますが、裁判官から見て主張が尽きていると思われるような場合（つまり、既に心証を形成している場合）には、「反論不要かと思いますがいかがですか？」「主張は尽きているようですがいかがですか？」などコメントされることがあります。また、同様の主張が繰り返されているような場合、「主張を裏付ける新たな証拠は何かありますか？」などと尋ねられ、「証拠がないのであれば特に反論は不要ではないですか？」などとコメントされることもあります。

　逆に、裁判官から見て反論が必要と思われるような場合には、「（〇〇の点について）反論していただけますか？」などと求められることもあります。

　この場合、裁判官は、暫定的な心証を形成しているが、相手方の反論内容次第で心証が変わり得ると考えています。相手方の主張について「的確な反論をしなければ相手方の主張を認める可能性がある」と裁判官が考えていることを意味することも多いので、充実した反論書面を作成する必要があるでしょう。

10 「反論はいつまでに 準備できますか?」

 裁判官からの質問の場面

裁：被告の方で医学的知見も踏まえた詳細な反論書面を提出していただきました。次回は原告の方で反論していただくことになるかと思いますがいかがですか。

弁：はい。こちらで反論の準備書面を用意します。

裁：**反論はいつまでに準備できますか?**

弁：協力医との打合せが必要になるのですが、忙しい方でして、打合せが来月になってしまいました。少し長めですが、反論書面の提出に1か月半いただければと思います。

裁：やむを得ませんね。提出期限を1か月半後の○月○日とします。

 裁判官はなぜこの質問をするのか?

　次回期日を定める前提として、準備書面を確実に提出できる期限を聴取しているわけですが、提出期限の意味合いは非常に重いです。準備書面が提出されてから次回期日までの間、裁判所や相手方は様々な準備をする必要があり、それが十分にできないまま期日が開かれるという事態が続くと、審理が長期化してしまいます。期限遵守はもとより、38頁で述べたとおり、合理的期間内に準備書面を提出する必要があるといえます。

1 準備書面の提出期間

　準備書面や証拠の申出については、裁判長はその提出期限を定めることができることとされています（民訴法 162 条 1 項）。

　そのため、期日において、裁判官は、次回までに反論を行うことになる当事者に対して、「反論はいつまでに準備できますか？」などと尋ねた上で、提出期限を決めることになります。

　多くの場合、提出期限は**次回期日の 1 週間前**とされ、また、通常の事件（それほど複雑・困難ではない事件）については、準備書面の提出期限は**1 か月程度**とされることが多いです。裁判官からこの質問をされたときは、合理的な期間を回答すべきですし、長期に及ぶ場合はその理由も述べるのがよいでしょう。

2 提出期限を遵守しよう

　準備書面の提出期限は、裁判長が定めたものではありますが、提出当事者の意見を聞いた上で確認した期限です。

　提出当事者が約束した期限でもありますので、これを**遵守すべきこと**は当然です。

　また、提出期限が遵守されない場合、裁判官や相手方は、次回期日までに必要な準備を行うことができず、**期日が空転しかねません**。

　すなわち、準備書面提出から次回期日までの間（通常は 1 週間程度）、裁判官や相手方は、提出書面の内容を確認して**今後の進行（反論の要否等）**を検討する必要があります。特に、合議事件の場合には主任裁判官が合議メモを作成した上で合議体での合議を行いますので、一定の期間を要します。

　また、相手方においても、反論の要否等を検討するにあたっては依頼者との調整を要します。関係当事者が多いケース（社内の複数の部門の了解が必要となるケースや、複数事務所の代理人が選任されており調整を要するケース等）もあり、これを次回期日までの 1 週間で検討するというのは意外にギリギリということもあります。

このように、準備書面の提出が期限に遅れると、期日が空転すること
になりかねないわけですが、実際上は、この提出期限が遵守されないケー
スが相当数あり、**審理の長期化**の一因になっていると言われています。

　そこで、改正後の民訴法162条2項により、提出期限経過後に準備書
面等を提出する場合には、提出当事者は**期限を遵守できなかった理由を
説明**しなければならないこととされました。

　違反に対する制裁があるものではなく、一種の訓示規定ではあります
が、時機に後れた攻撃防御方法（民訴法157条）に該当するかどうかの
判断要素となり得ると考えられており、一応注意が必要です。

裁判官の視点　裁判官は記録をどのように読むか

　提出期限に準備書面が提出された後、裁判官が一体何をしているのか
についてもう少し具体的に説明します。

　単独事件は一日に多数の期日（10件前後）が入ることが多いため、
1週間程度前にその日の事件記録をまとめて見ることが多いです。

　単に記録を読むだけでなく、争点に対する重要な主張や証拠があるか
などについて確認し、必要に応じて手控えにメモをしています。

　また、心証を随時形成しているため、関連する文献や裁判例を調査す
ることもあります。

　こういった準備をもとに、次回期日でどういった訴訟指揮をするかに
ついて検討するため、やはり1週間程度の準備期間は必要となります。

　51頁で解説しているとおり、合議事件の場合、主任裁判官が前記の
準備・検討をするだけでなく、合議メモを作成し、暫定心証や次回期日
でどういった訴訟指揮をするか等について合議する必要があります。

　合議事件の準備書面は数十頁（場合によっては百頁超）に及ぶケース
が相当数あり、検討自体に時間を要します。提出期限に遅れて提出され
た場合、合議を充分に行うことができず、的確な訴訟指揮をすることが
できないため、審理長期化につながってしまいます。

3 どうしても間に合わない場合

　提出期限を遵守すべきことは上記のとおりで、郵送で間に合わない場合には、FAX で送付したり（ただし送受信の制限枚数が設定されていることがあるので、30 枚を超えて FAX 送信する場合には送信先に確認するのが無難）、裁判所や相手方事務所へ持参したりするといった方法が考えられます。

　また、予算に余裕がある場合に限られるでしょうが、バイク便を利用する代理人もいるようです。

　それでも間に合わない場合には、裁判所や相手方に対して、提出が遅れる理由を説明した上で、いつまでに提出できるか伝え、提出方法等について相談する必要があるでしょう。

「調書判決にしますか?」

裁判官からの質問の場面

（第1回口頭弁論期日）

裁：原告は訴状陳述ですね。

弁：はい。

裁：被告は答弁書を提出せず、期日にも出廷していません。**調書判決にしますか?**

弁：実は数日前に被告から連絡があり、今月中に部屋を退去してもらう方向で調整中です。続行期日を指定していただけないでしょうか。次回期日で和解が成立しそうであれば、期日前に和解条項案を提出します。場合によっては期日間に訴えを取り下げることもあり得ます。

裁：わかりました。では1か月程度先で続行期日を調整しましょう。

裁判官はなぜこの質問をするのか?

　建物明渡請求事件で、被告が第1回口頭弁論期日に欠席するケースは多数ありますが、上記の例のように、期日において原告代理人から事情が説明される場合や、被告の答弁書に和解を希望する旨が記載されていることはままあります。原告側の対応も、①和解の余地はなく、判決を希望する、②ひとまず債務名義を取得した上、訴訟外で和解交渉を続ける、③訴訟係属中に和解交渉を続けるなど様々であるため、この質問をすることがあります。

1 第1回口頭弁論期日に被告が欠席した場合の原告の対応

第1回口頭弁論期日は、原告と裁判所の間で日程調整を行って指定されます。もっとも、被告（または被告代理人）からすると、日程調整が行われず一方的に指定された期日ですので、**被告が欠席**することはよくあります。

以下では、第1回口頭弁論期日において、被告が欠席した場合の原告の対応について確認します。

2 答弁書が提出されているとき

被告が第1回口頭弁論期日を欠席した場合であっても、被告が答弁書を提出しているときは、答弁書の記載事項を陳述したものとみなされます（**陳述擬制**。民訴法158条）。

そのため、原告側の対応は、被告が期日に出席した場合の対応と基本的には同じことになります。

次回期日の日程調整については、期日前に被告との間であらかじめ日程調整を行っておくこともありますが、そうでない場合には、期日後に別途調整することになります。

なお、被告代理人としては、第1回口頭弁論期日に欠席する場合には、答弁書を裁判所に提出する際に、その旨を裁判所に伝えるのが相応しい対応だと思います。FAXのカバーレターに欠席の旨を記載するといった方法でもよいでしょう。

3 答弁書が提出されていないとき

これに対して、被告が答弁書を提出せずに第1回口頭弁論期日を欠席した場合には、訴状における原告の主張を自白したものとみなすことになります（**擬制自白**。民訴法159条1項）。

したがって、裁判所としては、訴状の記載に問題がなければ、すなわち①請求の趣旨の記載が正しく、かつ②請求を理由付ける事実（主要事

実、要件事実）が十分に記載されていることが確認できれば、**調書判決**（民訴法 254 条 1 項）をすることができます。

⚖️ **弁護士の視点**　調書判決

　「調書判決」とは、判決書の原本にもとづかずに、主文及び理由の要旨を告げて言い渡す形の判決です（民訴法 254 条 1 項、民訴規 155 条 3 項）。

　判決書の作成に代えて、裁判所書記官が主文や理由の要旨等を口頭弁論調書に記録することから（民訴法 254 条 2 項）、「調書判決」と呼ばれています。

　調書判決をすることができるのは、以下のいずれかの場合で、かつ原告の請求を認容するときに限られています（民訴法 254 条 1 項）。

①被告が口頭弁論において原告の主張した事実を争わず、その他何らの防御の方法をも提出しない場合

②被告が公示送達による呼出しを受けたにもかかわらず口頭弁論の期日に出頭しない場合（被告の提出した準備書面が口頭弁論において陳述されたものとみなされた場合を除く）

　55 頁で解説しているように、被告が答弁書を提出せず擬制自白が成立する場合は、①に該当し、調書判決の言い渡しができることになるわけです。

　このような場合、裁判官から「調書判決にしますか」と尋ねられることになるのですが、原告側の対応としては、以下の 2 通りとなります。

① 　調書判決を求める
② 　（直ちに判決とはせず）続行期日を指定してもらう

　原告側において、債務名義を取得する（強制執行によって満足を得る）ために訴訟を提起したのであれば、調書判決を求めて、速やかに強制執行手続に移行できるようにすべきです。

　これに対して、債務名義を取得しても仕方がないような場合（被告に

十分な財産がなく分割弁済等の交渉を行いたい場合など）には、直ちに調書判決とはせず、続行期日を指定してもらって、被告の出頭を待つ方がよいということもあるかもしれません。

このように、①、②のいずれの対応とすべきかは事案により、また依頼者の意向によるところもあるかと思います。

したがって、代理人としては、被告から答弁書が提出されず、第1回口頭弁論期日への欠席が見込まれる場合には、どのような方針とすべきかあらかじめ検討しておく必要があります。

⚖ 弁護士の視点　訴状が公示送達されていた場合

訴状が公示送達されていた場合、被告が答弁書を提出せずに欠席したとしても、擬制自白は成立しませんので（民訴法159条3項但書）、証拠によって請求原因事実を認定する必要があります。

訴状が公示送達された場合も調書判決とすることは可能ですが（民訴法254条1項）、以上の理由から、訴状の陳述後に証拠調べを行い（人証調べを実施することもあります）、弁論を終結して判決言渡し期日を指定するという流れになるのが通常です。

12 「休止にしますか?」

 裁判官からの質問の場面

（第1回口頭弁論期日）

裁：被告から答弁書が提出されていますが、原告は欠席のようです。訴状を陳述擬制していいですか。それとも**休止にしますか?**

弁：本日欠席することについて、被告側は原告から何も聞いていないのですが、裁判所にも特に連絡等はなかったのでしょうか。

裁：ありません。

弁：欠席の理由がわからないので、一応休止扱いとしていただけますか。

 裁判官はなぜこの質問をするのか?

　原告は、自ら問題解決を求めて訴えを提起したのですから、期日を欠席することは基本的には考えにくいですが、様々な理由により欠席することが実務上散見されます。この場合、審理を続けることもできますが、休止満了による取下擬制により訴訟を終了させる方針もとり得るため、被告にこの質問をして確認することがあります。

1 原告が欠席したとき

　原告が第1回口頭弁論期日を欠席した場合、訴状については**陳述擬制**（民訴法158条）とすることができますので、被告としては答弁書を陳述した上で、①続行期日を指定してもらうこと（**延期**）が考えられます。また、②あえて答弁書を陳述せずに退廷し（**休止**）、**訴えの取下げの擬制**（1か月以内に期日指定の申立てがされないときには、休止満了として訴えの取下げがあったものとみなされる。民訴法263条）を狙うこともあり得ます。

　このように、原告が第1回口頭弁論期日を欠席した場合の被告の対応としては、①、②があるため、裁判官としては、「休止にしますか？（弁論はなしにしますか？）」「訴状は擬制陳述としていいですか？」などと被告に尋ねることがあります。被告側としては、

・訴訟を維持したいと考える場合（取下げさせたくない場合）
・原告の欠席が単に期日の日時を誤った等の事情によるもので、訴訟を　維持する意向があると考えられる場合

には、①の方針となります。

　これに対して、被告において訴訟を維持したい（取下げさせたくない）という意向がなく、その上で、

・原告において訴訟を維持する意向を失っていると考えられる場合
・原告の欠席理由が不明であり、取下げの擬制の成立が一応期待できる　場合

には、②の方針を検討してもよいでしょう。

2 原告・被告双方が欠席したとき（参考）

　参考までに、原告・被告双方が第1回口頭弁論期日を欠席した場合についても述べておきます。この場合、第1回口頭弁論期日から1か月以内に期日指定の申立てがされない場合、**訴えの取下げが擬制**されることになります（民訴法263条）。このことは、第2回以降の口頭弁論期日（または弁論準備手続期日）についても同様です。

「反論にあたって相手方に確認しておくことはありますか?」

 裁判官からの質問の場面

裁：原告第1準備書面が提出されました。被告側で反論していただくことになるかと思いますが、**反論にあたって相手方に確認しておくことはありますか?**

弁（被告）：弁済の抗弁についての認否が明示されていないのですが、認否しないのですか。

裁：裁判所としても気になっていたところですが、原告代理人、いかがですか。

弁（原告）：弁済の日時や、弁済を受けたとされる担当者名などを具体的に主張していただいてから認否したいと思います。

 裁判官はなぜこの質問をするのか?

当事者主義の下、議論の端緒を開くのは基本的に当事者であると考えられるため、この質問をしています。

期日前に準備書面を検討する中、疑問点などが生じることはままありますが、そのような場合であっても、ひとまず当事者にこの質問を投げかけています。当事者の質問により自身の疑問点が解消されれば、それ以上裁判官から質問する必要はありませんので、疑問点が解消されない場合に、自ら釈明権を行使して質問することになります。

1 釈明権

釈明権は、「当事者の申立ておよび陳述の欠缺・矛盾・不明瞭・誤謬に注意を喚起して、これを完全にするため訂正・補充あるいは除去の機会を与え、また証拠方法の提出を促すことを内容とする裁判所の権能」を指します（菊井維大＝村松俊夫原著『コンメンタール民事訴訟法Ⅲ第2版』（日本評論社、2018年）298頁）。裁判長はこの**釈明権の行使**として、当事者に対し、訴訟関係を明瞭にするために質問したり立証を促したりするわけです（民訴法149条1項）。

釈明権の行使は、不明瞭な主張を明瞭にさせたり、矛盾点を問いただしたりする（**消極的釈明**）だけでなく、適切な主張・立証がされていない場合にその旨を示唆して適切な訴訟行為を求める（**積極的釈明**）ことも含まれます。

質問等を受けた当事者としては、これに応じる義務があるわけではありません。もっとも、応じないことにより**不利な判断を受ける可能性**があるほか、攻撃防御方法について趣旨が不明瞭であるとして釈明を促されたにもかかわらず、必要な釈明をしない場合には、そのような攻撃防御方法が**却下**されることがあります（民訴法157条2項）。

そのため、裁判長から釈明を求められた事項については、適切に対応しなければなりません。

2 求問権（求釈明）

以上の釈明権はあくまでも裁判長が行使するものですが、**当事者**が、裁判長に対して、相手方に対して発問（釈明権を行使）するよう求めることもできます（民訴法149条3項）。これを当事者の**求問権**といいます（**求釈明**ということが多いです）。

求問権は、当事者照会（民訴法163条）とは異なり、あくまでも**裁判長を介して**相手方に質問をするというものであり、本来は相手方に直接問いを発することができるわけではありません。もっとも、裁判長の発問（釈明権行使）を待たずに相手方が回答し、結果的に双方で直接応答

することになることもよくあります。

⚖ 弁護士の視点　釈明・求釈明の用法

　61頁では、当事者が行う求問について「求釈明」ということが多いと述べましたが、裁判長が当事者に発問を行うこと（釈明権行使）を指して「求釈明」ということもあります。紛らわしい用語ですので、簡単に整理しておきます。

主体と言葉の例	用語
①当事者「○○を明らかにされたい」	求釈明（求問。裁判所に釈明権行使を求めるという意味で求釈明ということが多い）
②裁判長「○○を明らかにされたい」	釈明権の行使（単に釈明ということもあれば求釈明ということもある）
③（①または②を受けて）相手方「○○は××です」	釈明

3 どのような場合に求問（求釈明）すべきか

　相手方から準備書面が提出され、次回までに反論を行うこととなった場合、冒頭に記載したように、裁判官から「反論にあたって相手方に確認しておくことはありますか？」などと尋ねられることがあります。

　これは、民訴法的にいえば、**2**で述べた「求問（求釈明）することはありますか？」と問うものですが、裁判官からこのように問われるかどうかにかかわらず、必要があれば求問（求釈明）することが当事者に期待されています。

　では、どのような場合に求問（求釈明）すべきでしょうか。例えば、以下の点がみられる場合には、求問（求釈明）を検討してよいでしょう。

①主張に不明瞭な点や矛盾する点があるとき（例えば、契約終了の主張

をしているが終了原因が期間満了か解除か明らかでない場合など）

②主張している事実の法的な意味付けが明らかでないとき（例えば、「A
を介して契約した」とあるが、単なる紹介なのか代理人としてという
趣旨なのかが明らかでない場合など）

③主張を裏付ける証拠の有無が不明であるとき

④主張と証拠との関係性が明らかでないとき

⑤主張と証拠とが矛盾するとき

　ただし、求問（求釈明）をした結果、相手方の主張・立証が整理され、
逆に**こちら側が不利**になることもありますので、求問（求釈明）を行う
のは、「そこをクリアにしてもらわないと反論ができない」という事項
に限定するのが穏当でしょう（これに対して、こちら側に**有利な回答が
予想される場合**などには、訴訟戦術としてあえてその点を求問（求釈明）
するということもあります）。

　上記についていえば、①、②については明確にならないと有効な反論
が行えないので、求問（求釈明）する価値がありそうですが、③〜⑤の
ような疑問点については、反論書面でその旨（主張を裏付ける証拠がな
いなど）を指摘すれば足りることが多いかもしれません。

　なお、重要な事項について求問（求釈明）を行う場合は、書面（求釈
明申立書）で行い、相手方にも書面で回答してもらうべきです。期日に
口頭で応答することとなった場合でも、重要な発言については口頭弁論
調書に記載してもらうようにしましょう（民訴規67条1項）。

　適切な求問（求釈明）を行うためには、相手方から提出された準備書
面の内容を十分に検討することが必要となります。その前提として、提
出期限が遵守（前記51頁）されることが極めて重要になることは改め
て強調しておきます。

14 「○○を(任意)提出していただけますか?」

裁判官からの質問の場面

裁：原告第1準備書面により、証券取引に関する説明義務違反の主張が追加されました。原告から求釈明も出ており、取引期間における録音データの提出が求められていますが、被告側の意見はどうですか。

弁（被告）：説明義務の内容は抽象的であり十分に特定されているとはいい難い上、そもそも説明義務違反は原告が立証すべきであるため、提出する必要はないと考えます。

弁（原告）：取引は相当過去のものもあり、原告本人の記憶のみをもとにこれ以上主張を具体化することは困難です。

裁：被告は、**録音データを提出していただけますか？**

裁判官はなぜこの質問をするのか?

　上記例の場合、原告としては、録音データに関し文書提出命令を申し立てることが考えられます。しかし、このような法的措置をとるよりも、当事者（被告）から任意に提出してもらう方が迅速かつスムーズに審理を進めることができると考えた場合、立証責任と関わりなく、文書所持者に対してこの質問をすることがあります。

1　文書提出命令／文書送付嘱託

　訴訟を追行するにあたって、こちら側が所持している証拠だけでは不十分であるときは、**相手方**または**第三者**が所持する文書を裁判所に提出させ、証拠として利用することを検討する場合があります。

1　文書提出命令

　文書提出命令とは、文書所持者に対して、当該文書を裁判所に提出するよう**命ずる**手続です（民訴法223条）。命令に従わない場合には、**真実擬制**（相手方当事者が従わないとき、民訴法224条）、**過料**（第三者が従わないとき、民訴法225条）といった制裁もあり、強力な手続です。

　もっとも、文書提出命令が認められるためには、①当該文書を取り調べる**必要性**（民訴法221条2項に注意）のほか、②当該文書所持者に**文書提出義務**が認められること（民訴法220条）が必要です。これらの要件を満たすかどうかを巡って、相手方から反対意見が出されることも多く、ハードな手続といえます。

2　文書送付嘱託

　これに対して、文書送付嘱託は、文書所持者に対して、当該文書を**任意**に提出するよう求める手続です（民訴法226条）。あくまで任意の提出を求める手続ですので、従わない場合の制裁等もなく（ただし裁判官の心証に対する影響は否定できません）、ソフトな手続といえます。

　文書所持者による任意での提出が見込まれるときは、文書送付嘱託の手続によることになります。

　手続には一定期間要しますので、空振りとなるのを避けるため、第三者が所持する文書である場合、文書送付嘱託に基づく任意提出が可能かどうか、**事前に確認**しておくのがおすすめです。なお、個人情報保護法を理由に任意での提出を拒否されることがありますが、文書送付嘱託は同法27条1項1号の「法令に基づく場合」に該当し、本人の同意を得ずに提出することは同法に抵触しないと考えられていますので、その旨を丁寧に説明するなどして説得しましょう（この他、本人の同意書を添

付するという方法も有効です）。

3 調査嘱託と弁護士会照会

　以上のほか、第三者等から証拠を入手する方法には、**調査嘱託**（民訴法 186 条）、**弁護士会照会**（弁護士法 23 条の 2）などがあります。

　調査嘱託は、裁判所が官庁等の団体に対して必要な調査の嘱託をするというものです。ここでいう「必要な調査」は、証拠調べの必要性があればどのようなものでもよいというわけではありません。当該団体が報告するにあたって主観を混入させるおそれのない客観的な事項であり、手元にある資料から容易に結果を得られるものに限られると考えられています（門口正人編『民事証拠法大系第 5 巻各論Ⅲ』（青林書院、2005 年）142 頁）。

　弁護士会照会は、弁護士会が公務所や公私の団体に対して必要事項を調査・照会する手続です。回答しない場合の制裁等がない点では文書送付嘱託や調査嘱託と同様ですが、手続に一定の費用（1 万円弱）がかかるため、訴訟においては文書送付嘱託や調査嘱託が利用されることがほとんどです。

2 （任意）提出を求められた場合

　裁判官から「○○を（任意）提出していただけますか？」と尋ねられることがありますが、これは、前記❶で述べた手続（文書提出命令／文書送付嘱託）を経ずに、文書を提出するよう促す趣旨の発言です。

　具体的には、時間外労働時間が争点になっている場合のタイムカードや、証券取引の説明義務違反が争点となっている場合の説明文書や録音データなど、当事者のどちらか一方がほとんどの重要な証拠を握っているようなケースでは任意提出を促されやすいでしょう。

　裁判官が任意提出を促す文書は、裁判官が審理に必要と考えているものです。よって、仮に任意提出を拒否したとしても、文書提出命令の申立てがあればこれが認められ、結局提出せざるを得なくなる可能性が高いものも多いと思われます。いたずらに審理期間を長引かせるのも望ま

しくありません（文書提出命令に対する即時抗告等により1年以上遅延することもあります）。合理的な理由がない限り、速やかに任意提出に応じるのがよいでしょう。

もっとも、個人情報保護法や名誉・プライバシー等との関係から、根拠のあいまいな形での任意提出に応じられないケースもあります。その場合には、依頼者と相談の上、「本人の同意書を提出してもらえれば提出できる」「文書送付嘱託が発出されれば提出できる」などと回答することになるでしょう。

裁判官の視点　任意提出を促す根拠

　任意提出を促したところ、当事者から、「立証責任は相手方にあるため、こちら側が積極的に提出する必要はない」などと反論されることがあります。しかし、裁判官としては立証責任のみならず、①争点との関連性の程度、②通常誰が所持しているはずであるか、③通常提出が容易か否か、④他の証拠等に基づく暫定心証を覆し得るものであるかなど、様々な事情を踏まえて訴訟指揮をしています。

　例えば、争点を審理するために必須であり（①）、当事者が当然所持しているはずであり（②）、第三者の個人情報等が記載されているとは考え難い（③）ような資料につき、裁判官の促しによっても当事者が提出しない場合、「提出すると困る内容が記載されているのか」と捉えられかねません。このような訴訟活動を弁論の全趣旨として事実認定に用いるかどうかはケースバイケースですが、当事者としては、提出を拒むのであれば、立証責任の観点だけでなく、提出できない合理的理由を説明することが望ましいといえます。

　また、既に他の証拠等から主要事実が立証されていると考えている場合（④）、提出を促された当事者は法的にも積極的に証明すべきといえます（間接反証）。この場合、裁判官としては暫定心証を開示した上、当事者に任意提出を求めることになるでしょう。

15 「（閲覧制限について）疎明をしていただけますか?」

裁判官からの質問の場面

裁：訴状や書証等について、閲覧制限の申立てがされています。
　　顧客名簿と営業マニュアルが営業秘密にあたるということで
　　すね。

弁：はい。人材業界では顧客名簿や営業マニュアルが漏れたりし
　　ては、仕事が成り立たなくなってしまいます。

裁：そのあたりの営業秘密該当性について、きちんと**疎明をして
　　いただけますか?**

弁：わかりました。担当者の陳述書を補充します。

裁判官はなぜこの質問をするのか?

　閲覧制限の申立てにあたり疎明資料が十分でない場合、この質
問をすることがあります。閲覧制限の申立書には営業秘密等を基
礎づける具体的事情が記載されているのに、疎明資料が全く提出
されておらず、上記例のように陳述書の提出を促す事例が散見さ
れますので、注意してください。

1 訴訟記録の閲覧等

　訴訟記録の閲覧は、**誰でも**行えます（民訴法91条1項）。ただし、閲覧申請時に**当事者名**や**事件番号**の記入を求められることがあります。

　また、訴訟の当事者及び利害関係を疎明した第三者であれば、訴訟記録を**謄写**することもできます（民訴法91条3項）。

　閲覧にせよ、謄写にせよ、記録の保管場所や裁判所の執務状況によっては、その場では閲覧・謄写できないことがありますので、事前に事件の担当部に確認しておくとよいでしょう。

2 閲覧等の制限

　当事者の申立てにより、訴訟記録の閲覧・謄写ができる者を**当事者に限る**（制限する）ことができます（民訴法92条1項）。閲覧制限が認められるためには、以下のいずれかを**疎明**する必要があります。

①訴訟記録中に当事者の**私生活についての重大な秘密**が記載され、または記録されており、かつ、第三者が秘密記載部分の閲覧等を行うことにより、その当事者が社会生活を営むのに著しい支障を生ずるおそれがあること

②訴訟記録中に当事者が保有する**営業秘密**（不正競争防止法2条6項）が記載され、または記録されていること

　これらにいずれかを疎明するというのはそれなりにハードルが高く、特に当事者が**法人**である場合には②、すなわち不正競争防止法上の営業秘密に該当することの疎明が求められることに注意が必要です。

　実務上は「法人の信用や、法人関係者のプライバシー・名誉に関する事項について閲覧制限をしたい」という要望を受けることがありますが、難しい対応となることが多いです。「相手方も閲覧制限を希望しているから問題ないだろう」と考えてしまうこともあるかもしれませんが、閲覧制限は当事者以外の第三者の利益も関わる事項ですから（第三者は民訴法92条3項により閲覧制限決定の取消しを求めることができる）、裁判所が当事者の意向を汲んでくれるとも限りません。

第3章

書証に関して
訊かれること

「原本に代えて写しを
提出しますか?」

 裁判官からの質問の場面

裁:甲○号証以外は写しで提出とのことですね。甲○号証について原本を提出してください。

弁(原告):すみません、原本を持ってくるのを忘れてしまいました。

裁:被告に送付した内容証明郵便ですよね。成立に争いがあるとも思えませんので、**原本に代えて写しを提出しますか?**

弁(原告):被告側もそれでよろしければそのような扱いとさせていただきます。証拠説明書の「原本」という記載は「写し」に修正させていただきます。

裁:被告代理人の意見はいかがですか。

弁(被告):原本確認する必要ありませんので、しかるべく。

裁:それでは、甲○号証も含め、全て写しで取り調べます。

 裁判官はなぜこの質問をするのか?

　原本を持参していない場合や、電話会議やウェブ会議を行っており原本を取り調べることができない場合、この質問をすることがあります。取調べにあたっては、反対当事者に、写しをもって原本の提出に代えることに異議がないかどうか質問することになります。

1 原本提出が原則

　書証の申出は、多くの場合、文書を提出することによって行われます（民訴法219条）。

　そして、文書の提出は、**原本**（または正本、認証のある謄本）で行うことが原則です（民訴規143条1項）。

　通常は、期日前に証拠説明書（詳細は87頁）と文書の写しを裁判所と相手方に提出しておき、期日において原本を提示して取り調べることになります。期日において**原本を持参**することを忘れないよう、注意しましょう。

　なお、訴訟のために作成した文書（陳述書や報告書）等については、期日前に写しではなく原本そのものを裁判所に交付してしまうというやり方がとられることもあります。

　原則どおり原本を提出する場合の証拠説明書の記載方法は、以下のようになります。

🖋 原本を提出する場合の証拠説明書の記載方法

標目	原本・写しの別	作成者	作成年月日
通知書	原本	原本の作成者	原本の作成日付

2 写しを提出する方法

　以上のとおり、文書の提出は原本で行うのが原則ですが、その例外として、写しを提出する方法が認められています。写しの提出方法は以下の2通りあります。

1 原本に代えて写しを提出

　原本を所持しているものの（すなわち原本提出の方法によることができるものの）、相手方が原本の存在・成立を争わず、その写しをもって原本の提出に代えることに異議がない場合、**原本に代えて写しを提出**す

ることができます。

　原本の代わりに写しを閲読することで、原本を取り調べたことにする
わけですが、裁判所は、必要があれば原本の提出を命じることができま
す（民訴規143条2項）。

　この場合の証拠説明書の記載方法は、以下のようになります。

原本に代えて写しを提出する場合の証拠説明書の記載方法

標目	原本・写しの別	作成者	作成年月日
通知書	**写し**	原本の作成者	原本の作成日付

2 写しを原本として提出

　上記**1**は、あくまでも原本を提出当事者が所持していることが前提で
すが、当事者が写ししか所持していない場合もあります。この場合には、
写し自体を原本として提出することになります。

　写しそのものを一種の報告文書（対応する原本があったこと、その内
容が写しのとおりであることを報告するもの）とみて、**原本として提出**
していますので、民訴規143条の原則どおりの提出方法ということにな
るわけです。

　この場合、原本として提出した写しを「手続上の原本」、写しのもと
になった原本を「真の原本」ということがあります。

　この場合の証拠説明書については、決まった記載方法があるわけでは
ありませんが、例えば以下のような記載が考えられます。

写しを原本として提出する場合の証拠説明書の記載方法

標目	原本・写しの別	作成者	作成年月日
通知書**写し**	**原本**	写しの作成者	写しの作成日付

3 原本に代えた写しの提出を尋ねられた場合

　原本提出として書証の申出を行ったにもかかわらず、期日に原本を持参するのを忘れた場合、裁判官から「原本に代えて写しを提出しますか？」などと尋ねられることがあります。

　これは、原本の存在や成立について特段争いがないと思われる文書について、上記**1**の提出方法としてはどうかと促す趣旨の発言です。証拠説明書を訂正するなど、必要な対応を行いましょう。

　なお、原本の持参を忘れたのではなく、そもそも原本が存在しない場合（写ししか所持していない場合）については、上記**2**の提出方法とするのが適切です。いずれにせよ、証拠説明書を訂正するなど、必要な対応を行いましょう。

17 （書証の原本確認の際に）「実物はこうなっているんですね」

 裁判官からの質問の場面

裁：書証について、甲○号証は原本提出とのことですので、原本を提出してください。

（原本確認中）

裁：甲○号証の身分証ですが、**実物はこうなっているんですね。**プラスチックのカードになっているのかと思っていましたが、紙製でラミネート加工などもされていないんですね。

弁：重要な点だと思いますので、原告代理人の方で、写真を撮影して別途書証として提出していただけませんか。

 裁判官はなぜこの質問をするのか？

　書証を取り調べるにあたり、成立の真正が争われている書証や、作成経緯に争いがある書証については、原本確認を入念に行います。確認をする中、写しではわからない特徴が見つかることがあり、この質問をすることがあります。この場合、反対当事者（原告から書証が提出されたのであれば、被告）にも原本を入念に確認してもらい、証拠化すべき点があるか否か確認することがあります。

1 原本確認

　文書の証拠調べについては、通常は、期日前に証拠説明書と文書の写しを裁判所と相手方に提出しておき、期日において原本を提示して証拠調べを行います（**原本確認**）。

　原本確認においては、通常は、写しと原本とを照合し、写しを閲読することで原本を閲読したのと同じ効果が得られるかどうかを確認しています（門口正人編『民事証拠法大系第4巻各論II』（青林書院、2003年）241頁）。原本確認終了後、原本は当事者に返還します。

2 写しではわからない特徴が見つかった場合

　原本確認の際に、**写しではわからない特徴**（例えば、写しでは描写されていない透かし、文字が消された跡など）が見つかることがあります。このように写しの閲読だけでは把握することができない事項については、その後の主張・立証に用いる場合には何らかの形で**記録化**しておく必要があります（印刷を高品質（カラーや濃さの調整）にすることで解決できる場合には、書証を提出し直せばよいでしょう）。

　写しでは再現できないような特徴を記録化するためには、当該文書について**検証**（民訴法232条）を行うことが考えられます。相手方が所持する文書であれば検証物の送付嘱託や提示命令も検討することになります（民訴法232条1項、223条、226条）。もっとも、検証手続の手間を避けるため、以下のような措置を検討してもよいでしょう。

①期日で原本の特徴を述べ、争いのない事実として期日調書に記録

②写真を撮影し、別途書証として提出（期日中に撮影するか、原本を預かって後日撮影する）

③原本確認の場では特徴をメモするにとどめておき、尋問の際に原本を示して特徴を確認（証人調書に記録化する）

　なお、原本を当事者に返還した場合に変造されるおそれ等がある場合には、当該文書を裁判所に留置してもらうこともあり得ます（民訴法227条）。

18 「成立の真正を争いますか?」

裁判官からの質問の場面

裁：前回期日では、被告から売買契約による所有権喪失の抗弁が主張されましたが、今回、原告から売買契約書は「偽造された」と主張されました。「偽造された」とは具体的にどういう趣旨ですか。

弁：原告の印影が、原告の印鑑によるものであることは認めますが、印鑑を被告に貸した際、無断で売買契約書に押印したものです。

裁：被告からは登記原因証明情報（注：権利変動を証する情報。売主による確認書面等）も提出されているのですが、原告としては**成立の真正を争いますか?**　売買契約書とは別の印影に見えますが。

弁：同じく1段目の推定を争います。

裁：それでは、印鑑の保管状況等、1段目の推定を覆す具体的事実について主張を追加してください。

裁判官はなぜこの質問をするのか?

　ある証拠の成立過程に問題があると主張されることはままありますが、成立の真正まで争うのかが不明瞭なときがあります。成立の真正を争う場合、本人の署名又は押印のある私文書については二段の推定（民訴法228条4項）があるため、特に丁寧な認否が求められます。

　これらの点を明らかにするために成立の真正について質問することがあります。

78

1 成立の真正とは

　成立の真正とは、文書が作成者の意思に基づいて作成されたことを意味します。そもそも、書証は文書の意味内容を証拠資料とするものですので、作成者の意思によって作成されたものでなければ、意味内容を議論する前提を欠く（**形式的証拠力**がない）ことになります。

　文書は成立の真正（形式的証拠力）が備わって初めて、その記載内容が真実かどうか、要証事実を証明する価値があるかどうか、すなわち実質的証拠力の有無・程度を評価することになるものです。したがって、当該書証を提出した者は、成立の真正（形式的証拠力）を**証明**しなければなりません（民訴法 228 条 1 項）。

2 相手方の認否

　既に述べたとおり、書証を提出した者は成立の真正を証明しなければなりませんが、相手方が成立の真正を**争わない**場合には、**証明不要**となります（実務上は、ほとんどの書証がそのように扱われています）。

　そのため、成立の真正についての立証の要否を判断するため、文書の成立について相手方が争うかどうか、**認否**を明らかにする必要があります。

　具体的な認否の仕方は、「成立を**認める**」「成立を**否認する**」「成立は知らない（**不知**）」の 3 通りです。このほか、「認否しない（沈黙）」もあります。この場合には、弁論の全趣旨から争ったものと認められる場合でない限り、成立に争いがないものとして扱われています（民訴法 159 条 1 項）。

　実務上は、全て書証について逐一相手方の認否をとるということはなく、重要な書証以外は相手方は認否をしません。この場合は「沈黙」ですので、基本的には成立に争いがないものと扱われることになります。

3 「成立の真正を争いますか?」と訊かれた場合

　裁判官から、「成立の真正を争いますか?」と尋ねられた場合、その書証は非常に重要な書証であり、成立の真正が疑わしい可能性がありますので、**慎重に認否**すべきです。

　また、成立の真正を争うべき書証については、裁判官からのそのような催促がなくとも、自ら積極的に認否を明らかにすることが望ましいでしょう（とはいえ、期日の段階で認否を明らかにするのは難しいこともあり、実際には、反論書面の中で指摘するということも多いと思われます）。

　成立を否認する場合には**理由を明示**する必要がありますので（民訴規145条）、単に「甲○号証について成立を否認します」と述べるだけでは不十分です。

　例えば、「甲○号証の印影が、原告の印鑑によるものであることは認めます。しかし、印鑑を被告に貸した際、無断で甲○号証に押印したものです」などと、署名又は押印が本人のものであるかどうか認否した上、二段の推定（民訴法228条4項）のどの段階をどうやって争うのか述べる必要があるので意識しておきましょう。

　なお、偽造の疑いがあるような書証についても、期日等で個別に認否しないというケースもあります。

　この場合、認否としては「沈黙」ですが、準備書面で「甲○号証は××が偽造したものである」などと主張されていれば弁論の全趣旨から成立の真正を争ったものと認められるので、成立に争いがあることになります（民訴法159条）。したがって、書証提出者は成立の真正を証明する必要があります。

⚖️ 弁護士の視点　二段の推定

　二段の推定とは、私文書の作成名義人の印影が当該名義人の印鑑によるものである場合、反証のない限り、当該印影は本人の意思に基づくものと事実上推定され、その結果、民訴法228条4項により、当該文書

が真正に成立したと推定されることをいいます。図で示すと以下のとおりとなります。

> Xの意思に基づいてXが文書を作成した（**成立の真正**）
>
> ↑　民訴法228条4項により推定される（**2段目の推定**）
>
> 文書の押印（署名）はXの意思に基づくものである
>
> ↑　事実上推定される（**1段目の推定**）
>
> 文書の印影はXの印鑑によるものである

　二段の推定を受ける文書について成立の真正を争う場合には、2段目の推定を争うのか（白紙に押印したなど）、1段目の推定を争うのか（印鑑の盗難や無断での持ち出しなど）を意識して反証することが重要です。

19 「○号証の提出方法についてですが……」

 裁判官からの質問の場面

裁：被告の方で、準備書面と併せて書証を提出していただきました。ただ、**乙○号証の提出方法についてですが**、文献自体が大部にわたっているので、通し番号を振っていただけますか。また、主張書面で引用した部分についてマーカー等で強調していただけるとありがたいのですが、いかがでしょうか。

弁：わかりました。あらためて提出し直します。

裁：乙○号証のみ提出留保という扱いとしますので、次回までに提出してください。

裁判官はなぜこの質問をするのか？

　分量の多い書証ついては、効率的に審理を進めるため、通し番号を振るなどの指示をすることがあります。その他、外国語や専門用語が記載された書証については翻訳文を提出してもらうなど、書証を提出するにあたり質問をすることがあります。

1 書証提出にあたっての注意点

　書証の提出にあたっては、通常は、期日前に証拠説明書と文書の写し
を裁判所と相手方に提出しておき、期日において原本を提示して証拠調
べを行うことになります。

　写しを提出するにあたって、証拠の分量や内容によっては、裁判官か
ら「乙○号証の提出方法についてですが……」と提出方法について一定
の指示を受けることがあります。このような指示は、裁判官の便宜や、
主張・立証を明確にするといった目的でなされるものです。

　依頼者と打合せをする中でも、「これが証拠です」と依頼者から文書
等を示されたものの、「読み方がわからない」「分量が多くてどこを見れ
ばよいかわからない」「主張とどう関連するのかわからない」というこ
とがあると思います。提出された書証を確認する裁判官も同じ気持ちで
しょうから、裁判官から指示を受けるまでもなく、あらかじめ**書証を読
みやすくする工夫**を施しておくようにしましょう。

　以下では、書証の提出方法についてよくある指示（あらかじめ対応し
ておくべき事項）を挙げます。

2 裁判官からのよくある指示

1「不鮮明なのでクリーンコピーを提出し直してください」

　提出された書証の写しについて、印刷が不鮮明（解像度が低い、薄い
など）、カラー部分があるにもかかわらず白黒印刷となっている、一部
しか印刷されていない（両面であるのに表しか印刷されていないなど）、
といった問題があることがあります。

　特に、**ＦＡＸ**で証拠を提出する際は要注意です。期限等との関係でや
むを得ずＦＡＸで提出する場合にも、クリーンコピーを別途期日で提出
する（ＦＡＸにもその旨を記載しておく）ことが望ましいでしょう。

2 「通し番号を振ってください」

　書証の枚数が非常に多いにもかかわらず、ページ番号が振られていないものがあります。ページ番号が振られていない場合、主張書面や判決で引用する際には「甲○号証×枚目」などと引用することになりますが、いちいち何枚目かを数えなければならないのは裁判官にとっても当事者にとっても手間となってしまいます（尋問の際にも不便です）。

　そのため、書証の枚数が**おおよそ10枚**を超えるような場合には、写しに通し番号（ページ番号）を振るのがよいでしょう。ＰＤＦ編集ソフトを使ってフッターに赤字で振るのが見やすいですが、手書きでも問題ありません。

3 「主張で引用する箇所をマーカーで強調してください」

　これも書証の分量が多い場合などですが、準備書面内で書証が引用されているものの、書証の分量が多いためどこを読めばよいのかわかりにくいということがあります。

　そのような場合には、書証のうち主張で引用する箇所をマーカーや囲み表示等で強調しておくと、読んでもらいたい箇所に素早くアクセスしてもらえるので、有益です。

4 「翻訳文を添付してください」

　外国語の文献や、医療記録のように専門用語（外国語や略語）で記載された文書については、書証の写しのほかに、取調べを求める部分についての訳文を提出する必要があります（民訴規138条1項前段）。訳文が求められるのは「取調べを求める部分」についてですので、全文を翻訳しなければならないわけではありません。

　訳文の提出方法については、①枝番を付けて独立した書証として提出する（外国語文書を○号証の1、翻訳文を○号証の2）方法がベターですが、②外国語文書の写しの余白等に、赤字等で翻訳文を記載する方法もあります。

　医療記録のように、外国語や略語等が部分的に出てくるにすぎない文書については、②の方が見やすいでしょう。

また、前記①や②のような形で翻訳文を示さず、準備書面において例えば「complaint（訳注：訴状)」などと記載して翻訳文を示すという方法がとられることもあります。厳密には民訴規138条1項には反しますが、翻訳文が主張で明らかにされていることから瑕疵が治癒されたものといえるでしょう。書証の内容の一部に外国語が登場するにすぎないような場合は、このような方法でもよいと思われます。

5 「反訳書面を添付してください」

　録音テープ等（録音データや動画データ）の準文書を提出した場合、裁判所または相手方からの求めがあるときは、その内容を説明した文書（反訳書面を含む）を提出しなければなりません（民訴規149条1項）。

　録音データを全て聴かないといけないというのは時間や手間がかかるため、結局は反訳書面の提出を求められることが多いと思われます。したがって、録音データ等を提出する際には、あらかじめ反訳書面を添付するようにするのがよいでしょう。

　これとは逆に、反訳書面のみを書証として提出することもあり得ますが、その場合には、相手方がその録音データの交付を求めたときはこれを交付しなければならないことになります（民訴規144条）。そのため、録音データ等と反訳書面をセットで提出することが多いです。

「証拠説明書に ついてですが……」

裁判官からの質問の場面

裁：原告の方で準備書面と証拠を提出していただきました。**証拠 説明書についてですが**、甲○号証の手紙について、作成年月 日が「不明」とされています。引き抜き行為があったことを 示す証拠ですし、概括的な記載でもよいので、明らかにでき ませんか。

弁：３年以内のものだとは思うのですが、手紙に日付の記載がな いので……。

裁：封筒も残っていないということですね。どうしてもわからな いということであれば、○年頃という表現でも構いませんの で、一応特定していただけますか。

裁判官はなぜこの質問をするのか？

　証拠説明書は全ての証拠を一覧できるため、裁判官としては、 心証を形成するにあたり非常に重宝しています。

　どの時点の、どのような事実が認定できるかを判断するにあ たっては、作成年月日と立証趣旨の記載が特に重要となるため、 これらの点を明確にしてもらうべく質問をすることがあります。

1 証拠説明書とは

証拠説明書とは、書証の提出の際に提出する書類で、書証についての「文書の標目」「作成者」「立証趣旨」を記載したものです（民訴規137条）。実務上は、書証の写しを提出する際に併せて提出しています。

証拠説明書は、裁判官に対して、**書証の内容**や**主張との関係**を十分に理解してもらうために提出する重要な書類です。

訴訟記録上、「証拠」編の冒頭に綴られることになり、裁判官としても、書証の目次のような形で頻繁に目を通すことになりますし、書証の内容や証拠価値の評価を検討する際にも参照することになりますので、代理人としては**簡にして要を得た内容**となるよう心がけましょう。

2 証拠説明書の記載内容

証拠説明書の記載内容について、民訴規上要求されているのは「文書の標目」「作成者」「立証趣旨」（民訴規137条）ですが、実務上は、これらに加えて「原本・写しの別」「作成年月日」も記載しています。

典型的な記載は以下のとおりです。

🖌 証拠説明書の記載例

号証	標目 （原本・写し）	作成年月日	作成者	立証趣旨	備考
甲1	売買契約書 （原本）	2020.12.10	原告及び被告	原告と被告との間で本件売買契約を締結したこと。	
甲2	通知書 （原本）	2023.10.10	原告代理人 ○○	原告が被告に対して売買代金の督促をしたこと。	

以上の記載のうち、最も重要なのは「**立証趣旨**」です。立証趣旨とは、証明すべき事実と証拠との関係（民訴規99条1項）です。書証については、立証趣旨の記載は**証明すべき事実のみ**とされることが多いですが

（裁判所職員総合研修所監修『民事実務講義案Ⅰ（四訂正補訂版）』（司法協会、2014年）132頁）、以下の記載例のように推認の過程や主張との関係を補足することも有益です。

🖌 **立証趣旨の記載例**

号証	標目 （原本・写し）	作成年月日	作成者	立証趣旨	備考
甲2	写真 撮影場所： ○○ 撮影対象： 被告及び訴 外○○	H26.10.1 （撮影年月日）	原告 （撮影者）	被告及び訴外○○が平成26年10月1日に○○○ホテルに宿泊した事実。両名が同ホテルで不貞行為に及んだことが推認される。	
甲3	メール画面 （件名○○） の印刷書面 （原本）	H26.12.10	被告	被告が訴外○○に対して送信した平成26年12月10日のメールの内容。被告が訴外○○に対してクリスマスデートの約束を取りつけようとしている。	

札幌家庭裁判所ウェブサイトをもとに筆者作成
https://www.courts.go.jp/sapporo/vc-files/sapporo/file/
syoukosetsumeisyo-kisairei.pdf

3 裁判官からよく訊かれること

　ここで、証拠説明書の記載について、裁判官からよく尋ねられる事項をいくつか挙げて説明します。

1 「作成年月日、作成者はわかりませんか？」
　証拠説明書上、作成年月日や作成者欄が空欄や「不明」とされること

があります。文書の記載からはこれらが明らかでないこともありますが、証拠価値を検討するにあたっては重要な事項です。

　作成年月日については、「○月頃」「○月上旬頃」などと幅をもった記載でも構いませんので、可能な限り特定するようにしましょう。

2 「撮影日時等を明らかにしてもらえますか?」

　写真、録音テープ等を証拠提出する場合には、証拠説明書において、撮影・録音等の「対象」「日時」「場所」を明らかにする必要があります（民訴規148条）。また、民訴規137条の「作成者」、つまり「撮影者・録音者」も明らかにする必要があります。記載例については88頁を参照してください。

　これらの記載は、写真や録音テープ等の証拠価値を適切に評価するために求められる事項ですので、提出する段階から明確にするよう心がけましょう。

第4章

人証採否に関して
訊かれること

裁判官からの質問の場面

裁：原告から準備書面が提出されましたが、被告側で反論や新たな書証を提出する予定はありますか。

弁：一応反論しますが、新たな書証を提出する予定はありません。

裁：わかりました。そうはいっても、裁判所としては、双方の主張は概ね出そろってきた印象です。中心的争点である売買契約の成否について、甲○号証の契約書の作成経緯が重要になると考えていますが、双方、**人証申請の予定はありますか?**

弁：甲○号証の作成に立ち会った、担当者××の人証申請を予定しています。陳述書も準備していますので、次回書面と併せて提出します。

裁判官はなぜこの質問をするのか?

　争点整理の終盤になると、証拠構造は明確になっているため、裁判官はどの点を人証で立証する必要があるか、そのためにどういった人物を尋問すべきかなど、立証計画についてある程度見通しを立てていることが多いです。

　立証計画に関する裁判官の見通しと、当事者の見通しに大きな齟齬があるかどうか確認するためにこの質問をすることがあります。齟齬がある場合、証拠調べの必要性について、期日で議論することもあります。

1 人証申請の検討

　当事者は、争点整理が終了する前に、証拠調べが必要な証人、本人を**一括して**申請する必要があります（民訴法 182 条、民訴規 100 条）。

　これは、裁判所において適切に**集中証拠調べ**が行えるようにするためです。

　当事者としては、争点整理の過程においても、各争点ごとに、直接証拠があるか否か、争点に関係する書証等にどのようなものが存在するか、主として人証で立証しようとしているのか、当事者本人以外に証人は存在するのかなどを随時明らかにし、裁判官と検討を深めていくのが望ましいでしょう（門口正人編『民事証拠法大系第 3 巻各論 I』（青林書院、2003 年）91 頁以下）。

2 「人証申請の予定はありますか?」と訊かれた場合

　人証申請についての検討は、争点整理の過程においても、すなわち当事者が準備書面を提出している段階においても随時検討すべき事項ですが、とりわけ、**書証に基づく議論が尽きた段階**（例えば原告の再反論が終了した段階など）で、裁判官から「人証申請の予定はありますか?」と尋ねられることが多いでしょう。準備不足のため「これから検討します」と回答せざるを得ないこともあるかもしれませんが、裁判官において、立証計画も含めた今後の進行をイメージさせるため、「○○の点を立証するため××の証人尋問を検討しています」などと**具体的な回答**ができるのが望ましいところです。

　当事者としては、裁判官から尋ねられた際にはいつでも的確な回答ができるよう、証拠構造（直接証拠があるのか、重要な間接事実は何か、各事実の根拠となる証拠は何か）を吟味し、どの点を人証によって立証するか、あらかじめ検討しておくべきです。その上で、申請を検討している証人や当事者に対してその旨を説明し、証人尋問（当事者尋問）の実施についてあらかじめ承諾を得るとともに、陳述書作成の準備に速やかに着手していると、審理をよりスムーズなものにできるでしょう。

22 「陳述書のどの部分を 訊きたいのですか?」

 裁判官からの質問の場面

裁：人証申請を双方に行っていただきました。原告本人について、主尋問60分とのことですが、もう少し短くすることはできませんか。

弁：解雇されるに至った経緯が複雑なので、60分いただきたいです。

裁：その点については陳述書にも記載していただいています。具体的には**陳述書のどの部分を訊きたいのですか?**

弁：解雇されるに至った経緯は陳述書○頁から○頁にかけてですが、基本的には全部確認したいと思っています。

裁：ご指摘の部分については、被告が争っているのは一部にとどまると思います。争いのない点は省略するなどして、○分程度に収めていただけませんか。

 裁判官はなぜこの質問をするのか?

　証拠構造からして、人証で立証すべき事実がない、あるいは乏しいと考えている場合にこの質問をすることがあります。

　当事者の説明内容も踏まえ、人証申請を却下したり、尋問時間を短縮することがあります。

1 人証の申出方法

　人証の申出を行うにあたっては、**証拠申出書**を提出することになります。

　証拠申出書には、尋問の見込み時間（民訴規 106 条）、尋問事項（民訴規 107 条）、証明すべき事実及びこれと証拠（人証）との関係を明示する必要があります（民訴規 99 条 1 項）。

　具体的な書式は次のとおりです。なお、書証申出の手数料は不要ですが、証拠調べに要する費用（証人の旅費等）の予納を求められることがあります（民訴費法 11 条 1 項 1 号、12 条 1 項）。

証拠申出書

証拠申出書

　被告は、次のとおり証拠の申出をする。

第1　人証の表示
　1　〒○○○－○○○○　　○○県…
　　　電話　○○　　　　ＦＡＸ　○○
　　　証人　　　　○○○○（呼出し・主尋問の予定30分）
　2　〒○○○－○○○○　　○○県…
　　　電話　○○　　　　ＦＡＸ　○○
　　　被告本人　○○○○（呼出し・主尋問の予定30分）

第2　証明すべき事実
　1　証人○○○○は、本件事故の目撃者であり、本件事故の態様等を立証する。
　2　○○○○は被告本人であり、本件事故の経緯や損害等を立証する。

第3　尋問事項
　　　別紙のとおり

② 人証の採否

　証拠の申出について、相手方には意見を陳述する機会が与えられます（民訴法161条2項2号、民訴規88条1項）。

　具体的には、「しかるべく」「○○なので取調べの必要性がありません」などと意見することになります。

　その上で、人証の採否は**裁判所の裁量**に委ねられています（民訴法181条）。争点に関連しない場合や、書証等から既に心証を形成しており取り調べる必要がない場合には、不採用となりやすいでしょう。

　もっとも、当事者本人にとっては裁判官に自分の話を直接聴いてもらえる貴重な機会です。そのため、取調べの必要性が高くない場合であっても、当事者が本人尋問を希望する場合には、時間は限定されますが採用される傾向にある印象です。

　採用して取り調べるか、取り調べないで却下するかの決定が必要かどうかについては争いがありますが、実務上は、人証の申出について**決定**を行っています。

　そのため、採用決定が口頭弁論でされれば調書に記載され（民訴規67条1項6号）、期日外でされるときは決定書が作成されることになります。

　なお、人証を採用しない場合も、訴訟の進行に応じて必要となる場合がありますので、明らかに違法でない限りは直ちに却下せず、採否の決定を留保しておき、口頭弁論終結の際に明示的にまたは黙示的に却下するというのが実務上の取扱いになっています（門口正人編『民事証拠法大系第2巻総論Ⅱ』（青林書院、2004年）146頁）。

　証拠の採否に関する決定は、口頭弁論を経てされる裁判ですので、抗告によって不服を申し立てることはできず（民訴法328条1項）、終局判決と併せて上級審に判断を仰ぐことになります（民訴法283条）。

「反対尋問が必要ですか?」と訊かれた場合

　人証の採否を検討するにあたって、裁判官から、相手方に対して、「反対尋問が必要ですか?」などと尋ねられることがあります。

　相手方が反対尋問権を放棄しているのであれば、その尋問事項（ないし陳述書）には争いがないことになりますので、取調べの必要性はなく、人証は採用されないことになります。

　例えば、原告・被告の双方が専門家の意見書を提出し合っているようなケースで、意見書を作成した専門家証人について人証の申出がされた場合を考えてみましょう。相手方としては別の専門家の意見書で必要な立証をしているので、人証申出された専門家の反対尋問は不要（意見書の内容は争わない）とすることがあり得ます。

　そこで、裁判官としては、「反対尋問が必要ですか?」と確認し、不要であれば人証を不採用とするというわけです。

　しかし、代理人としては、反対尋問権を放棄してしまった場合に、「何でもかんでも争いのない事実とされてしまうのではないか」と不安で、反対尋問権を放棄するのは勇気がいると思います。

　以上のことからすると、陳述書が感情表現に終始しているなど、争点と明らかに関係のない内容であればともかく、そうでない場合には、反対尋問権を放棄するというよりも、取調べの必要性がないこと（他の証拠を取り調べれば十分であるなど）を意見していく方が穏当です。

3　「陳述書のどの部分を訊きたいのですか」と訊かれた場合

　人証の採否を検討するにあたって、裁判官から、「陳述書のどの部分を訊きたいのですか?」などと尋ねられることがあります。

　これは、人証の必要性について裁判官が疑問に思っていることをうかがわせるもので、例えば、陳述書記載の事実について**争いがない**場合や、陳述書の内容と**争点との関連性が弱い**ような場合に、このような質問を受けることがあります。

　代理人としては、人証を採用してもらえるよう、争点との関連性や証拠調べの必要性等を説明し、場合によっては、「短時間でポイントを絞っ

て尋問する」などと提案してもよいかもしれません。

裁判官の視点　人証申請を却下する場合

　証拠調べの必要性の有無の判断はケースバイケースですが、却下され得る類型として以下のものを挙げることができます。

1　陳述書記載の事実を踏まえても結論に影響がない場合

　書証等により認定できる事実のみで請求の当否が決まる場合、人証を取り調べる必要はありません。

　書証等により認定できる事実のみで結論（認容額）がほぼ決まり、人証により結論を左右する見込みが乏しい場合、人証を取り調べる必要は乏しいといえます。

　例えば、慰謝料を基礎づける事実は相当広範囲にわたりますが、争いがない事実や書証により認定できる事実で大枠が既に決まっており、微細な事実を人証で立証しようとする場合、取調べの必要性は乏しいといえます。

2　他の証人等を尋問すれば足りる場合

　複数の人証を申請している場合、その中で最適の証人（最も重要な間接事実を、最も直接的に体験している証人）を採用すれば足りるのであれば、他の人証を取り調べる必要性は乏しいといえます。

3　別の要件で結論が決まる場合

　①損害論に関し人証による必要があるが、責任原因がないと判断できる場合や、②請求原因に関し人証による必要があるが、消滅時効等の抗弁により結論が決まる場合等、争点レベルでみれば証拠調べの必要性があるものの、別の要件で結論が決まるため証拠調べの必要性がないとする場合もあります。

⚖ 弁護士の視点　　主尋問の予定時間があまりに長いとき

　主尋問の尋問予定時間について、当事者から、極めて長い時間を求められることがあります（複雑な事件でないにもかかわらず主尋問60分など）。必要以上に長時間にわたる尋問は、争点と関連しない事項に及ぶ可能性も高く、かえってわかりにくい尋問となってしまう懸念もあります。

　そのため、どうしても訴訟で述べたいことがあるにしても、陳述書を活用し、争いのない経緯等は尋問では尋ねず、**争点と関連する事項に絞る**ことで、適切な尋問時間を予定すべきです。

　仮に、相手方からあまりにも長い予定時間が示された場合には、代理人としては、「争いのある事項に絞れば○分程度で十分ではないか」「尋問事項のうち争点と関連するのは○○に限られるので、○分程度で十分ではないか」などと意見するとよいでしょう。

23 「尋問期日当日についてですが……」

 裁判官からの質問の場面

裁：人証について、原告本人、被告本人、証人Xを採用します。**尋問時間は、主尋問、反対尋問それぞれ 20 分でよいですか？**

弁：はい。

裁：**尋問順序について、何か意見はありますか？**

弁（被告）：通常通り、証人X、原告本人、被告本人の順でよいと思います。

弁（原告）：同意見です。

裁：わかりました。**尋問期日当日について、その他に配慮すべき点はありますか？**

弁（原告）：原告本人は、体調の関係で小まめに水分補給をする必要があるのですが、証言台にペットボトルを置くことはできるでしょうか？

裁：問題ありません。尋問の途中であっても、必要であれば遠慮なくおっしゃってください。

 裁判官はなぜこの質問をするのか？

　尋問対象者を決めた後は、尋問時間や尋問順序について当事者双方の意向を確認した上、決めることになります。また、尋問期日当日に特別な配慮が必要である場合、配慮すべき内容や、その理由等につき質問することがあります。

1 尋問の実施方法

　証人を採用する場合には、尋問の実施方法についても、両当事者と協議した上で決定されることになります。具体的には、以下のような事項を決定しておく必要があります。

・尋問日時
・尋問予定時間（主尋問○分、反対尋問○分）
・尋問順序
・証人の出頭方法（呼出し、同行）
・後に尋問すべき証人の在廷の可否

2 尋問日時・尋問予定時間

　一般的な事件では、尋問人数は **1～3人**、一人につき **30分～60分** 程度とされ、午前（10時～12時）か午後（13時～17時）の**どちらか**で終了する形で行われることが多いです。証人の人数が多い場合には、午前・午後にまたがることもありますが、大規模訴訟等においては、それでも足りず複数の期日を指定することもあります。

裁判官の視点　適切な尋問時間

　通常の単独事件を審理していると、主尋問時間30分、反対尋問同程度とされることが多いです。しかし、実際に尋問を聴いてみると、「果たしてこんなに必要だったのか」と思うことはままあります。

　主尋問は、基本的には争いのある事実について本人等が体験したことを語らせれば足りるはずで、前後の争いない関連事実も含めた経緯を延々と語らせる必要はありません（陳述書を読めば十分わかります）。交通事故等、突発的な出来事に関する尋問は、そもそも前後の経緯がないため争いのある事実（事故態様等）に絞った尋問がされていることが多いです。

　他方、売買契約の成否や解雇事由の有無等、前後の経緯がある場合、一連の流れを陳述書に沿って延々と語らせることが往々にしてありま

す。争点整理段階で、どの事実が重要な争いのある事実であるかは判明しているはずなので、細かい点は陳述書記載のとおりとした上、重要な点に絞れば、主尋問が30分もかかることはあまりないのではないかと思います。むしろ、反対尋問で弾劾された箇所を補強するための再主尋問に多くの時間を割り当てた方が効果的ではないかと思います。

3 尋問の順序

　複数の人証を採用した場合、どのような順序で尋問するかを決める必要があります。証人と当事者本人との尋問を行う場合には、原則として、**証人**の尋問を先に行います（民訴法207条2項）。また、通常は請求原因事実を立証すべき**原告側**の尋問が先に行われ、①原告側証人、②被告側証人、③原告本人、④被告本人という順番となることが多いです。

　もっとも、尋問の順序については、当事者の意見や、事案の性質を踏まえて決められており、先に聞いてほしい証人がいる場合には、理由を添えて意見をするとよいでしょう。

4 証言予定者の在廷の可否

　民訴規120条は、「裁判長は、必要があると認めるときは、後に尋問すべき証人に在廷を許すことができる。」としています。証人が他の証人の証言を聞いて影響を受けないようにするために、**原則として在廷させない**こととされているわけです。

　もっとも、後に尋問が予定されている証人を在廷させることについては、先の尋問を直接聞くことになり、証言の相違点を認識できることになるので充実した尋問が期待できるという面があることから、実務上は、証言予定者の在廷については**柔軟に判断**されています。

　なお、以上はあくまでも「後に尋問すべき証人」についてです。原告本人、被告本人は、後に尋問が予定されていても当然に在廷できることになりますし、尋問が終了した証人も当然在廷できることになります。

5 あらかじめ裁判官と協議すべき特別な配慮

　以上のほか、事案によって以下のような特別な配慮を要することがあります。このような配慮を要する場合には、あらかじめ裁判官と協議しておく必要があります。

・付添い（民訴法203条の2）

　証人の年齢や心身の状態等から、一人で尋問の対応を行うのが難しい場合に、証人に付添人をつけることができるものです。

・遮へい措置（民訴法203条の3）

　証人が、当事者等と直接顔を合わせるのが難しい事情がある場合に、尋問の際に当事者等との間に遮へい措置を講じる（パーテーションで仕切る）ことができるものです。

・テレビ会議の方法（民訴法204条）

　証人が遠隔地に居住するなどの場合にテレビ会議装置を利用して、裁判所に出頭させずに尋問できるようにするものです。

・健康状況への配慮を要する場合（車椅子、休憩頻度、水分補給等）

・警備が必要な事情がある場合

裁判官の視点　配慮が必要な場合は早めに連絡を

　上記で解説した特別な配慮のうち、実務上よくあるのは遮へい措置ですが、尋問期日中、単にパーテーションで仕切ればよいわけではなく、尋問前後も含めて相手方当事者等と接触しないよう配慮が必要となることが大半です。裁判所としては、配慮が必要となる理由等を踏まえ、あらかじめ警備体制を整えるため（内容次第では10人以上の大掛かりな警備体制をとることもあります）、遮へい措置等が必要であれば、早めに連絡してもらう必要があります。人証申請の際か、遅くとも人証採否の期日までには申し出ておくべきでしょう。

第5章

尋問期日に
訊かれること

24 「本人に語らせてください」

裁判官からの質問の場面

（主尋問中）

弁：退職する前の出来事について確認します。○月○日、上司の
　　　Yさんと面談したということでしたね。

本：はい。

弁：「お前は新人で経験がないんだから黙って俺の言うとおりに
　　　しろ」などと言われたのでしたね。

本：はい。

弁：「お前のような若いやつのことは信用できない」とも言って
　　　いたのですよね。

裁：本人に語らせてください。

裁判官はなぜこの質問をするのか？

　主尋問をするにあたり、争いのない背景事情等について誘導尋
問することは問題ありませんし、むしろ推奨されます。しかし、
争いのある事実についてまで誘導尋問が行われてしまうと、本人
の記憶に基づいて語られていないため心証がとれず、かえって不
利になるとさえいい得ます。当事者主義のもと、基本的には相手
方の異議をもとに誘導尋問を制止しますが、あまりに誘導尋問が
続く場合、異議を待つことなくこの質問をすることがあります。

　なお、反対尋問で弾劾された箇所を、再主尋問で無理に挽回し
ようとする際、誘導尋問されることが多いように思いますので気
をつけてみてください。

1 誘導尋問(原則禁止)

　誘導尋問とは、証人が肯定または否定の陳述によって答える形式の尋問のことです。「イエス」「ノー」で答えることのできるような尋問（「あなたは事故を目撃しましたね？」など）は誘導尋問ということになります。

　誘導尋問は、**原則として禁止**されています（民訴規 115 条 2 項 2 号）。これは、誘導尋問は尋問者の暗示によって証言内容が操作され、証人の認識とは異なった証言を行ってしまう危険があるためです。

　もっとも、「**正当な理由**」がある場合には誘導尋問は許されることになっています（民訴規 115 条 2 項但書）。

　どのような場合が「正当な理由」に該当するかについては、刑訴規 199 条の 3 第 3 項が参考になります。

　争いのない（または相手方にとって不意打ちにならない）**前提や背景事情**についての誘導尋問は、証言内容が操作される危険は低く、尋問時間の節約にもつながることから、相当程度許容されています。

　また、**反対尋問**については、証人が反対尋問者に迎合することは通常は考えられず、証言内容が操作される危険は低いといえますので、誘導尋問は広く許容されています（刑訴規 199 条の 3 第 3 項も、反対尋問における誘導尋問は許容しています）。

2 誤導尋問(禁止)

　これに対して、**誤導尋問**とは、前提が供述されていない（または誤っている）尋問のことです。例えば、本人が原告を殴ったとは供述していないにもかかわらず、「あなたが原告を殴った場所はどこですか？」などと尋ねるものです。

　誘導尋問は正当な理由がある場合には許されるとされていたのに対して、誤導尋問はいかなる場面でも許されません（**例外なく禁止**）。

　相手方の代理人としては、誘導尋問が行われた場合には、速やかに異議を述べる必要があります。

3 「本人に語らせてください」と言われたら

　既に述べたとおり、争いのない（または相手方にとって不意打ちにならない）前提や背景事情についての誘導尋問は相当程度許容されています。

　実務上も、陳述書に記載した前提や背景事情については、誘導尋問を有効活用してテンポよく尋問を進めるということは頻繁に行われています。

　もっとも、誘導尋問を活用しすぎてしまうと問題が生じます。すなわち、争点と関連するような重要な事項についてまで、代理人が「……ということですか？」と訊き、証人が「はい」と述べるだけの尋問が展開されることがあります。このような、重要な事項についてまで誘導尋問を実施することは、正当な理由（民訴規115条2項但書）が認められるとはいえませんし、なにより、裁判官が十分な心証を形成することができません。

　このような場合に、裁判官から「本人に語らせてください」と言われることがありますが、これはつまり、「誘導尋問を控えなさい」という趣旨です。

　代理人としては、争点と関連する重要な事項については、「あなたは事故の際どこにいたのですか」「そこにいたのはなぜですか」「どのような事故だったのですか」などとして、**5W1H**（誰が／いつ／どこで／何を／なぜ／どのように）を意識した**オープン・クエスチョン**（「イエス」「ノー」ではなく回答者が自由に回答できる質問）を心がけるようにしましょう。

　また、相手方の代理人としては、誘導尋問について正当な理由がないと考えられる場合、速やかに異議を述べる必要があります（民訴規117条1項）。

　あらかじめ取り決めていた尋問時間を経過しそうな場合、裁判官から「そろそろ時間ですが……」などと、時間を超過しないよう指摘されることがあります。

　代理人としては、当然、そのような指摘を受けることのないよう尋問時間を遵守すべきです。

　主尋問については、あらかじめ準備できているはずですが、それでも尋問時間を超過する例はしばしば見られるところです。裁判所としては、開廷時間との関係もあり期日の時間を延長することは容易ではありませんし、公平の観点から、一方の尋問時間のみを延ばすことも相当ではありません。

　別の証人等の尋問時間を削ることになりかねませんので、くれぐれも時間配分に注意しましょう。

25 「主尋問事項から 外れていませんか?」

裁判官からの質問の場面

（原告本人の尋問中）

弁：あなたは解雇されたわけですが、被告会社に何か問題はありませんでしたか。

本：私が在籍していたときから、不正会計を行っていました。

弁：詳しく教えていただけますか。

裁：**主尋問事項から外れていませんか?**

弁：被告会社の隠蔽体質を確認する質問です。被告側の証言の信用性に関連します。

裁：陳述書にも言及されていませんし、時間も迫っています。次の質問に移っていただけますか。

裁判官はなぜこの質問をするのか?

　主尋問の内容が、陳述書に全く記載されていない事実である上、その事実が争点に関連する場合、相手方に不意打ちとなるため、この質問をすることがあります。上記例では、主尋問で突如として不正会計に関する供述がされていますが、被告としては当然争うでしょうし、会計帳簿等を調査しなければ的確な反対尋問はできないでしょう。不意打ち的な主尋問であるため制限しています。

1　主尋問事項の事前開示

　証人尋問においては、ほとんどの場合、主尋問終了後に直ちに反対尋問を行うことになります。したがって、反対尋問を実効的に行うためには、**尋問で使用する書証**を事前に提出するとともに（民訴規 102 条）、**主尋問で供述する予定の事項**を事前に開示しておく必要があります。

　事前開示の方法について、証拠申出の際に**尋問事項書**を提出することとされています（民訴規 107 条。証拠申出書に添付して提出します）。尋問事項書は、「できる限り、個別的かつ具体的に記載しなければならない」とされてはいますが（民訴規 107 条 2 項）、通常は「……について」といった項目の指摘にとどまり、証人の回答までは記載されません。

　これだけで反対尋問の準備をするのは困難ですので、多くの場合、尋問予定者の**陳述書**を事前に提出しています。陳述書により、主尋問における回答が予測できますので、充実した反対尋問準備ができるようになるというわけです。

2　新規事項についての尋問

　しかしながら、主尋問において、事前開示されていた主尋問事項（または陳述書）にはない事項、すなわち事前開示のない事項（**新規事項**）について質問・陳述が及ぶことがあります。

　裁判長は、主尋問について、「立証すべき事項及びこれに関連する事項」といえない場合、質問を制限することができます（民訴規 114 条 2 項）。質問が本来の対象範囲外のものであっても、当事者の権利が不当に害されることはなく、真実発見のために適当と考えられる場合にはそのような質問を制限する必要はなく、裁判長の裁量によって許容されることが多いでしょう（最高裁判所事務総局民事局監修『条解民事訴訟規則』（司法協会、1997 年）251 頁）。

　もっとも、尋問の内容が、争点整理手続後の新たな防御方法の提出にあたるような場合（民訴法 167 条）や、反対尋問を行うために調査が必要となるような場合は、裁判長から「主尋問事項から外れていません

か？」などと言われ、質問を制限される可能性があります。

　もしくは、質問を許容した上で、相手方に反論の準備期間を与えるために、尋問期日を続行して、後日反対尋問の機会を与えるということもあるかもしれません（門口正人編『民事証拠法大系第3巻各論Ⅰ』（青林書院、2003年）279頁）。

　代理人としては、このような形で質問を制限されることのないよう、尋問で確認したい事項については主尋問事項や陳述書に記載しておくべきです。

　事前開示せずに尋問するのは、相手方の不意打ちを狙いたいからなのでしょうが、**主尋問で相手方の不意打ちを狙うのは筋違い**というべきでしょう（本当に不意打ちになるのであれば、後日反論の機会が与えられるだけです）。

❸ 新たな書証の提出

　以上に関連して、尋問期日当日に、事前開示されていなかった**書証**が新たに提出された場合の対応についても見ておきます。

　尋問で使用する書証については、弾劾証拠を除き、**事前提出**しておく必要があるため（民訴規102条）、**主尋問**で使用する書証を尋問期日当日に提出することはできません。この場合の対応は❷と同様ということになるでしょう。

　一方で、**反対尋問**で使用する書証については、**弾劾証拠**であれば尋問期日の当日に提出することも許されます。

　ただし、弾劾証拠と認められない書証については、争点整理手続後の攻撃防御方法の提出（民訴法167条、174条等）にあたる場合や、これに回答するために調査が必要である場合などには、尋問期日を続行して相手方に十分な反論を与えたり、場合によっては時機に後れたものとして却下することになると考えられます（門口正人編『民事証拠法大系第3巻各論Ⅰ』（青林書院、2003年）279頁以下）。

弁護士の視点　弾劾証拠の提出方法

　反対尋問において、事前開示していなかった弾劾証拠（民訴規102条）を提出しようとする場合、事前準備が必要になります。

　すなわち、証拠の写しに証拠番号（乙◯号証）を付記したものと、これに対応した証拠説明書を人数分用意しておく必要があります。ただし、弾劾証拠が複数ある場合には、証拠番号は空欄にしておき、示すタイミングで記入するということも考えられます（証拠説明書については期日後に速やかに提出するという対応でやむを得ないと思われます）。

　そして、弾劾証拠を示すタイミング（証人が、弾劾証拠の内容と異なる事実を述べたタイミング）で、「弾劾証拠として乙◯号証を提出します」などと述べて、用意していた証拠の写しを裁判官と相手方代理人に手渡し、その場で証拠を取り調べてもらった上で（原本確認した上で）、その証拠を踏まえた尋問を行うことになります。

　なお、弾劾証拠として提出された証拠については、あくまでも弾劾証拠として扱うべきであって主要事実の認定に用いるべきではないという考え方もあります（「民事裁判における効果的な人証尋問」LIBRA11巻7号（2011年7月号）18頁）。

　あえて弾劾証拠として尋問期日に提出するのがよいのかどうかは、慎重に検討すべきでしょう。

26 （尋問終了後）「和解の話合いを させていただけますか？」

 裁判官からの質問の場面

> 裁：ではこれで尋問は終了とします。お疲れ様でした。今日は双
>   方ともご本人が来られていることですし、この後時間がある
>   ようであれば、5分ほど休憩して、**和解の話合いをさせてい**
>   **ただけますか？**
> 弁：わかりました。
> 裁：では、後ほど○階の弁論準備室までいらしてください。

 裁判官はなぜこの質問をするのか？

　尋問が終わると、基本的には証拠が全て出揃うことになるため、
裁判官としては全証拠をもとにした最終的な心証を形成すること
になります。

　残るは判決を言い渡すのみとなりますが、早期解決の観点から、
この心証等をもとに尋問後に和解勧試をすることが多いです。

114

1 尋問終了後の進行

尋問が終了すると、裁判官は争点についてかなり**確度の高い心証**を形成します。当事者は主張・立証を尽くしていますので、この段階における裁判官の心証は、最終的なもの（**判決に直結**するもの）といえるでしょう。

そこで、尋問終了後の進行は、いよいよ訴訟の終了に向かっていくことになり、具体的には以下の進行を経ることになります。

2 和解協議

尋問終了後、裁判官から「和解の話合いをさせていただけますか？」と言われ、弁論準備室等に移動して**和解協議**の機会を設けることがあります。

尋問期日には、当事者双方が出席していることも多く、裁判官にとっても尋問の結果を踏まえた最終的な心証を踏まえた説得を行うことができますので、充実した和解協議が可能になります。この段階での和解協議は、和解できなければ判決になるわけですので（しかも主張・立証を尽くしているのでこれ以上打てる手はない）、話合いによる解決の**最後のチャンス**となります。

したがって、この段階での和解協議においては、和解に至らなかった場合には裁判官の心証に従った**判決**を受けることになることを念頭に、利害得失を**慎重に**検討する必要があります。

なお、和解協議の機会を設けるかどうかはケースバイケースです。和解による解決が困難であることがあらかじめわかっているような場合には、裁判官から何も打診がないこともあります。

3 弁論の終結

尋問の終了後（ないしはその後の和解協議で和解不成立となった後）、裁判官から「弁論終結しますがよろしいですか？」と尋ねられることが

あります。

　裁判所として最終準備書面の提出は不要と考えている場合にこのような尋ね方をすることが多いようですが、最終準備書面の提出を希望するのであれば、その旨を伝える必要があります。

　双方が弁論終結でよいということであれば、**判決言渡し期日**が指定され、期日終了となります。

　これに対して、当事者が最終準備書面の提出を希望する場合には、①最終準備書面の締切を決定し、続行期日を指定する（当該続行期日において弁論終結となり、判決言渡日が指定されることになる）という進行とされることもあれば、②弁論を終結して判決言渡日を指定する（併せて、「最終準備書面は提出期限までに提出されれば、事実上その内容を踏まえて判断する」という約束をする）という進行とされることもあります。

　②は最終準備書面を終結後の書面として扱うものですが、最終準備書面において新たな主張が追加されることがない以上は続行期日を指定して陳述させる意義はなく、判決作成までに事実上確認すれば十分、というわけです。

⚖ 弁護士の視点　最終準備書面を提出するべきか否か

　弁論終結に先立って、最終準備書面を提出するか否か尋ねられることがあります。争点が複雑であったり、尋問で予想外の事実が顕出された場合などには、裁判官が最終準備書面の提出を促すこともあります。いずれにせよ、代理人としては、最終準備書面の提出の要否についてあらかじめ検討しておく必要があります。

　なお、最終準備書面は、新たな主張・立証を展開するものではありませんので、「それがなければ判決が書けない」というものではありません。必要な主張・立証は争点整理の段階で尽くしているはずですから、訴訟法的観点では、最終準備書面の提出は必須ではないというわけです。

　実際上も、最終準備書面が裁判官の心証に影響を与える可能性は高くなく、従前の主張の繰り返しと有利な証拠の羅列にすぎず、裁判官の判断の役に立たない例が多いという指摘もあります（渡邉弘「裁判官から

見た労働関係訴訟の主張立証のポイント」NIBEN Frontier（2023 年 7月号）12 頁）。

　詳しくは 119 頁で後述しますが、最終準備書面には、①主張立証の総まとめとしての最終準備書面と、②尋問内容を踏まえた主張書面がありますが、①の提出が推奨される（または裁判官から提出を促される）のは、争点が相当複雑である場合や、集団訴訟等のように対外的なアピールが要求される場面に限られる印象です。

　これに対して、②については、尋問を実施した事件においては念のため提出するという対応もあり得るところです。

　もっとも、争点がそれほど複雑でない事件については、尋問における供述と主張との関係を理解することはそれほど難しくありませんし、こちらに不利な供述についても尋問の中で手当することが可能です（「原告本人尋問で○○というお話がありましたが、反論はありますか？」などと尋ねて反論内容を調書に記録させる）。

　したがって、②の最終準備書面についても、提出が推奨されるのは、尋問において新たな供述が出てきて、かつそれに対して丁寧な反論を要するといった場面に限定されると思われます。

27 「弁論を終結しますが よろしいでしょうか?」

 裁判官からの質問の場面

裁：尋問も終了しましたので、これで**弁論を終結しますがよろしいでしょうか?**

弁：最終準備書面を提出させていただきたいのですが。

裁：複雑な事案ではないので整理していただくまでもないとは思いますが、新たな事実の主張や証拠の提出はありませんよね。

弁：ありません。

裁：それでは、本日で弁論を終結しますが、最終準備書面は事実上読ませていただいた上で、判決を言い渡すことにします。尋問調書は○週間程度でできますが、そこからどの程度みればよいですか。

弁：○週間程度いただければと思います。

裁：それでは、判決言渡し期日は○月○日○時と指定します。

 裁判官はなぜこの質問をするのか?

　115～117頁で述べられているとおり、最終準備書面の提出は不要と考えているときに、このような訊き方をしています。逆に、事案が複雑で争点が多岐にわたる場合等、提出したほうがよいと考えているときは、「最終準備書面を提出しますか?」などと訊いています。

1 最終準備書面

　最終の口頭弁論期日においては、最終準備書面を提出していた場合には、これを陳述することになります（最終準備書面の提出が必須でないことは【弁護士の視点】116頁・117頁のとおりです）。

　最終準備書面とは、その名の通り弁論の最後に提出する準備書面ですが、新たな主張の追加を目的とするものでなく、一般的な主張書面とは性質が異なります。一言で言えば、**これまでの主張を、証拠調べの結果（尋問を含む）** を踏まえて**整理**した書面ということになりますが、内容の濃淡にはかなりばらつきがあります。大まかにいえば以下の2種類に分類することができます。

1 主張立証の総まとめとしての最終準備書面

　これまでの**主張立証の総まとめ**として、主張を整理した上で、証拠や供述（尋問を含む）を具体的に指摘し、**説得的**に論じた書面で、本来的な意味の最終準備書面といえます。

　代理人としては、訴訟記録を全て掘り返し、己の知性を振り絞って説得的な書面を作成することになり、まさに弁護士の腕の見せ所ではありますが、一般的な事件では、このような意味での最終準備書面が求められることはないと思われます。実際上は、争点が相当複雑である場合や、集団訴訟等のように対外的なアピールが要求される場面に限られる印象です。

2 尋問内容を踏まえた主張書面

　これまでの主張をふえんしつつ、**尋問の内容**を踏まえて立証を補充（こちらの主張を補強する供述を指摘する、こちらに不利な供述に反論するなど）する書面です。**簡易版最終準備書面**と言ってよいかもしれません。

　いずれにせよ、最終準備書面を提出する場合には以下の点に気をつけましょう。

①やむを得ない場合を除き、新しい主張は行わない

この段階での新規主張は時機後れ（民訴法157条）となる可能性があります。新規主張であると受け止められないようにするために、過去の準備書面を引用したり、「○○の主張をふえんすると……」などと記載することも考えられます。

②不利な証拠・間接事実についても言及する

最終準備書面は、得てして従前の主張の繰り返しと、有利な証拠の羅列で終わってしまいがちですが、そのような書面であればあえて提出する意味がありません。自分にとって不利な証拠・間接事実についても、重要なものは適切に取り上げた上で、的確に反論すべきです（渡邉弘「裁判官から見た労働関係訴訟の主張立証のポイント」NIBEN Frontier（2023年7月号）12頁）。

③構成をきちんと練る

最終準備書面は裁判官を説得するための最後の機会です。特に①の主張立証の総まとめとしての最終準備書面については、構成・項目立てがわかりやすくかつ説得的なものとなるよう、練り上げる必要があります。

2 判決言渡し期日の指定

弁論を終結した場合、裁判官は、**判決言渡し期日**を指定します。なお、判決言渡しは、原則として口頭弁論終結から**2か月以内**にしなければならないとされていますので（民訴法251条1項）、争点が極めて複雑な訴訟や大規模訴訟等でない限り、弁論終結から1〜2か月の時期に指定されることになります。

判決の言渡しは、当事者が在廷しなくてもよいとされています（民訴法251条2項）。そのため、通常の期日指定のように当事者の予定を確認することはなく、基本的には裁判官が**一方的**に指定することになります。

もっとも、代理人が、判決言渡し期日の時期についてあらかじめ申し入れをする（または指定された判決言渡し期日の変更を申し立てる）ことがあります。具体的には、判決期日が年度末に指定される（ないしは

指定されることが予想される）場合、依頼企業の人事異動等のタイミングと重なり、敗訴した場合の控訴の可否等の検討を行うのが困難となるなどの事情があるときにそのような申し入れを行うことがあります。ただし、申し入れに応じるかどうかは裁判官の裁量に委ねられていますので、希望が通らない可能性が高いという前提で準備する必要があるでしょう。

③ 弁論終結後の主張等の追加

　弁論終結後に当事者が準備書面や証拠を提出しても、口頭弁論期日がない以上、書面を陳述することも、証拠を取り調べることもできません。

　そのため、弁論終結後に準備書面や証拠を提出したい場合には、**弁論再開の申立て**を行うことになります（再開の必要があることを示すために、準備書面と証拠も併せて提出することになります）。ただし、弁論を再開するか否かは裁判官の裁量に委ねられていますので、過度な期待は禁物です。

　また、116頁で述べたように、実務上は、裁判官が「最終準備書面は提出期限までに提出されれば、事実上その内容を踏まえて判断する」という旨を約束した上で弁論を終結することがあり、そのような場合には弁論再開の申立てを行わずに、準備書面等を提出すればよいでしょう。

第6章

和解期日に
訊かれること

28 「……という心証を持っています」

裁判官からの質問の場面

（和解期日において裁判官と被告代理人が面談中）

裁：尋問の結果を踏まえて、被告会社においてＹ部長によるパワ
ハラがあった**という心証を持っています**。原告本人と同僚Ｘ
の陳述書以外に有力な証拠がないものの、同僚Ｘの尋問の内
容はＹ部長の発言を具体的に指摘していて、陳述書も証言も
一貫していました。

弁：乙○号証の日誌は重視していないということでしょうか。

裁：被告らが業務上作成したものですので、日誌にハラスメント
に関する指摘がないことは決め手にはならないと考えていま
す。

弁：私自身は納得しました。今後和解について検討するにあたっ
ては依頼者に説明する必要もあります。先ほどご説明いただ
いた心証の内容について、書面でいただくことは可能ですか。

裁：わかりました。検討します。

裁判官はなぜこの質問をするのか？

①争点整理の段階、②尋問直前の段階、③尋問後の段階等、審
理の各段階において暫定的な心証を開示することがあります。①
の場合、核心的な争点（結論に大きな影響を及ぼし、かつ証拠上
明らかでない争点）は何であるかにつき、当事者と裁判所の間で
認識を共有するために心証を開示することが多いです。②や③の
場合、主に和解による解決を促すために心証を開示します。

1 心証形成

　心証とは、争点となっている事実に関する裁判官の内心的判断のことです。

　裁判官は、訴訟の進捗にあわせて証拠等を確認し、その証明力に評価を加え、また弁論の全趣旨をしん酌しながら判断を作り上げており、その過程を「心証形成」といいます。

　心証形成（証拠の証明力の評価）については、裁判官の自由な判断に委ねられていますが（**自由心証主義**。民訴法 247 条）、裁判官の自由な判断といっても恣意を許すものではなく、**経験法則・論理法則**にかなうものでなければならないことは当然です。

2 心証形成の段階

　裁判官がどのようにして心証を形成しているかについては、個人差もあるでしょうが、訴訟の早い段階から徐々に心証を形成していき、訴訟の段階に応じてより確度の高い心証が形成されていくということはある程度共通していると思われます（門口正人「訴訟における心がけと技能」LIBRA19 巻 2 号（2019 年 2 月号）8 頁）。

　すなわち、訴え提起の段階から、訴状の内容や主張の根拠、証拠等をもとに**初期の心証形成**が開始され、その後相手方の主張や証拠、当事者の訴訟追行の対応や態度といった弁論の全趣旨も踏まえ、審理が進むにつれて心証を**修正**し、より**確度の高い心証**が形成されていくことになります。

3 心証開示

　心証開示とは、文字通り、裁判官が当事者に対して自らの心証を示すことです。

　裁判官が心証開示を行う理由は一概にはいえませんが、多くの場合は、以下の点を目的としていると考えられます（那須弘平『民事訴訟と弁護

士』（信山社、2001 年）173 頁）。

1 争点整理を効率的に行うこと

　裁判官や当事者が争点についてバラバラの認識であったのでは、その後の審理を円滑に進めることができません。そのため、一定の範囲で心証を開示することにより、核心的な争点が何なのかを明らかにすることが期待できます。

2 和解的解決を促進すること

　当事者間で事案の見通しを共有することにより、和解による解決と判決による解決とを比較しやすくなり、納得感のある和解解決が期待できることになります。

3 心証の確度を高めること

　以上のほか、裁判官の心証を当事者に晒すことにより、主要な争点や証拠についてより深い議論が行われることになり、裁判官の心証をより適正な（確度の高い）ものとするのに役立つこともあります。

　心証開示を行うかどうかは裁判官の判断に委ねられているので、裁判官から心証開示が積極的にされない場合もあります。もっとも、裁判官がどのような心証を抱いているかによって、適切な主張や証拠の出し方は変わってきます。

　そのため、弁護士としては、心証開示がされない場合にも、裁判官の訴訟指揮や発言から、その裁判官がどのような心証を抱いているのかを把握するよう努めることが重要です。

4 心証開示がされた場合の対応

　裁判官による心証開示は、基本的には**判決内容**についてのその時点での見込みということになります。

　そうした見込みは、基本的には**暫定的**なものにとどまりますが、一方

で、弁論終結直前（証人尋問を終えた後など）のように判断が固まっている場合には、**最終的な**（判決に直結する）心証ということになります。

　裁判官から心証開示があった場合の対応については、以下のように考えることができます。

1 有利な心証であった場合

　有利な心証であった場合には特段の対応は必要ないでしょう。裁判官から和解勧試があるのであれば、**和解の可能性**について検討するといった対応になります。

　有利な心証を依頼者に伝えることは基本的には差し支えはありません。ただし、過度な期待を抱かせることのないように注意しましょう。

2 不利な心証であった場合

　不利な心証が証人尋問後であるなど最終的な心証開示であった場合、主張・立証の補充は困難です。主張・立証を追加しようとしても、時機に後れた攻撃防御方法（民訴法157条）として却下される可能性が高いでしょう。よって、有利な心証であった場合と同様、**和解の可能性**について検討するという対応になると思われます。

　これに対して、不利な心証が暫定的な心証にとどまるという場合、逆転を目指して**主張・立証の追加**を検討することになります。最低限、証人尋問・本人尋問の実施は検討すべきです。

　もっとも、これらが奏功する見込みがない場合には、心証を覆すことは困難ですので、和解の可能性について検討することになるでしょう。

　主張・立証を追加するにあたっては、やみくもでは意味がなく、現在の不利な心証を覆すため、**効果的**な矢を放つ必要があります。そのために重要なことは以下のとおりです。

①裁判官が**現在の心証に至った理由**（重視する事実関係や証拠）を確認
　し、その内容を踏まえた主張・立証を行うこと
②追加するのは**客観的な証拠**に基づく主張・立証にとどめておくこと

なお、②については実際上は困難な場合も多く、裏付けのない主張が展開されるケースも多々みられるところです。

　やむを得ない場合もあるかもしれませんが、審理の混乱や解決の後れを避けるためにも、やはり客観的な証拠に基づく主張・立証にとどめておくことが無難でしょう（加藤新太郎編『民事事実認定と立証活動第Ⅰ巻』（判例タイムズ社、2009年）429頁）。

⚖ 弁護士の視点　不利な心証に至った理由を確認する方法

　期日で不利な心証開示を受けたものの、その理由が非常に簡潔で納得できないということがあるかもしれません。

　そのような場合でも、裁判官に対して「詳しく教えてください」とはなかなか言い出しにくいでしょう。ですが、例えば、「○号証を重視しているのでしょうか？」「○○の事実は認められないと考えているのでしょうか？」などとコミュニケーションをとってみるとよいかもしれません。

　また、「和解の可能性を検討するにあたってもう少し詳しい理由を知りたいのです」などと尋ねるのも効果的です。

　筆者の経験では、期日において詳しく心証を開示してもらえたものの、期日後に検討してみるとどうも腑に落ちないところがあり、裁判官に電話連絡したところ、こちらの疑問点に答えるとともに、非常に詳しく理由を示してもらえたということがありました。

　なお、近時は、裁判官が書面で心証開示を行う例もあるようですので、場合によっては、書面での心証開示を求めるという方法もあるかもしれません。

　ただし、書面でとなると簡単な理由しか示してもらえないという懸念もありますし、相手方にも同内容の書面が交付されることになりますので、書面を求めるべきかどうかはケースバイケースでしょう。

裁判官の視点　不意打ち判決にならないために

　127頁で解説しているとおり、証人尋問後に心証を開示した後、当事者が追加の主張立証をしようとしても、時機に後れた攻撃防御方法として却下される可能性が高いです。

　このタイミングで当事者が追加の主張立証をする動機は様々でしょうが、心証開示にあたり理由を述べた際、「そこを重視していたのであれば、もっと反論の余地があったのに」と当事者に言われることは裁判官としても避けるべきだと思います。

　いわゆる不意打ち判決といわれるものであり、敗訴当事者としては当然納得がいかないでしょう。このようなことにならないためにも、争点整理段階において、適時暫定心証を開示し、裁判官が重視している争点や証拠が何であるかにつき当事者と認識を共有しておく必要があると思います。

29 「和解についての意見はいかがですか？」

裁判官からの質問の場面

裁：被告の方で、第1準備書面を提出していただきました。原告の方で再反論しますか。

弁（原告）：はい。

裁：では、再反論について原告の方で準備いただくとして、残業時間について双方で争いがあるようですが、タイムカードと出勤簿のいずれをベースとして労働時間を算定するかで大枠は決まりそうですね。ちなみに、現時点で**和解についての意見はいかがですか？**

弁（原告）：条件次第では、和解もあり得ると考えています。

弁（被告）：同じく、条件次第です。

裁：一応、現時点でのそれぞれのお考えについてうかがいたいので、個別に話を聞かせてください。

裁判官はなぜこの質問をするのか？

審理の初期段階で和解勧試をする理由は様々ですが、上記例は、おおまかな暫定心証が掴めているため、心証をもとに早期解決を図ろうとしています。他には、①訴訟物をベースとした調整では和解のしようがないため（遺言無効確認の訴え等）、周辺的な事情も含めた和解ができるか模索する場合や、②当事者に議論を続けさせると感情的対立が先鋭化して和解の余地がなくなり得るため（親族間紛争等）、いったん議論を止めて早期解決が図れないか模索する場合などがあるでしょう。

1 和解の検討

　和解とは、当事者が合意によって紛争を終わりにすることです。特に、訴訟提起後に訴訟手続の中で行われるものを「訴訟上の和解」といいます。判決と異なり、柔軟な解決が可能となる上、紛争が早期に終了する、任意の履行が期待できるといったメリットがあり、当事者にとっても、裁判官にとっても**和解は判決よりもベター**であると考えられています。

　裁判官は、訴訟のどの段階でも和解を試みることができますので（民訴法89条1項）、実際上、第1回口頭弁論期日直後、争点整理がある程度終わった時期、証拠調べを終えた後など、様々な段階で和解の打診が行われています。

　代理人としても、「和解による解決があり得るのだ」というイメージを依頼者に持ってもらうため、**訴訟スタートの段階**で、**和解の可能性**があるのか確認しておくことが有益です。訴え提起段階で裁判所から提出を求められる「訴訟進行に関する照会書」でも「和解について」の項目が設けられています。

2 和解についての意見を訊かれた場合

　和解検討の**初期段階**において、「和解についての意見はいかがですか？」などとして、和解の可能性があるかどうか尋ねられることはよくあります。裁判官において、この時点で具体的な解決の道筋をつけていることもあるかもしれませんが、審理計画の見通しを立てるためのジャブ程度のものということもあるでしょう。

　代理人としては、「条件（和解金額）次第です」という回答か、「○○のため和解は難しいです」などと回答することになります。単に「和解は無理です」と回答した場合、裁判官にその理由を尋ねられることもあると思われますので、**理由も併せて回答する**のがよいでしょう（例えば、判決で名誉を回復したい、前例を作るわけにはいかないので金銭解決は許されないなど）。

30 「これまでの交渉経緯は どのようなものでしたか?」

 裁判官からの質問の場面

裁:まだ審理の初期段階ではありますが、和解の可能性について、現時点での双方のお考えをお聞きしたいので、個別に話をさせてください。

弁:はい。

(弁論準備室入室)

裁:和解についての意見はいかがですか?

弁:具体的な和解金額や条件は検討できていませんが、訴え提起前から交渉は続けてきており、最終的には和解を希望しています。

裁:これまでの交渉経緯はどのようなものでしたか?

弁:代理人同士で内容証明のやりとりはありましたが、過失割合のところで意見が大きく食い違っていて、和解は断念しました。

 裁判官はなぜこの質問をするのか?

　訴え提起前に交渉がある場合、交渉が決裂した理由を把握することにより、当事者間の話合いでは折り合いをつけることができず、裁判所が主導的に調整しなければならない点が明らかになることが多いです。この点を早期に把握し、和解調整にあたりどのようにアプローチすればよいかを検討するために、この質問をすることがあります。

1 裁判外の和解と裁判上の和解

　本書で取り扱う和解は主に裁判上の和解（民訴法267条）ですが、この他に、**裁判外の和解**があります。これは、紛争当事者間で民法上の和解契約（民法695条）を締結するものです。裁判外の和解は、訴えが提起される前（訴訟係属前）でも、訴訟係属中でも成立させることができます。訴訟係属中に裁判外の和解が成立した場合には、通常は、原告が訴えを取り下げ、被告がこれに同意する旨の条項を設けておき、訴え取下げにより訴訟を終了させます（民訴法261条）。

　なお、裁判外の和解は、裁判上の和解と異なり、**確定判決と同一の効力**（民訴法267条）はありません。そのため、強制執行の必要がありそうな事案については、強制執行受諾文言付きの公正証書（執行証書。民執法22条5号）を作成する、訴え提起前の和解の制度（民訴法275条）を利用するといった方法を検討すべきでしょう。

2 これまでの交渉経緯を訊かれた場合

　訴え提起前に、当事者同士で紛争解決に向けた交渉を行う（すなわち裁判外の和解を試みる）ことはよくありますし、実際、訴状等において交渉経過について説明する（ないしはやり取りに関する証拠を提出する）こともあります。

　そこで、この点に関連して、裁判官から「これまでの交渉経緯はどのようなものでしたか？」と裁判官から尋ねられることがあります。これは、和解検討の**初期段階**に、和解の可能性があるかどうかの検討材料として、従前の交渉経過を尋ねるものです。

　代理人としては、例えば以下のような内容を伝えるとよいでしょう。

・交渉の有無・方法（対面での話合いが行われたのか、手紙のやり取りのみだったのかなど）
・従前の金額の開きはどの程度あったのか
・何がボトルネックになって交渉がうまくいかなかったのか
・双方で争いになった事実関係や法的論点

「和解について
譲れない点はありますか？」

裁判官からの質問の場面

裁：現時点では請求認容の心証を抱いています。和解するとすれば、そちら側（被告側）にある程度の金額を支払っていただく必要があるかと思いますが、いかがですか。

弁：やむを得ないと考えています。金額については被告本人と検討する必要があるので、一度持ち帰って検討させてください。

裁：わかりました。金額以外に、**和解について譲れない点はありますか？**

弁：原告ご本人が、被告側の担当者に対してＳＮＳ等で誹謗中傷しているようです。そのため、「名誉・信用を毀損したり業務の妨害となるような言動・行動をしないことを約束する」という旨の条項は入れていただく必要があります。

裁：なるほど。そのような条項を入れることについて、原告側に提案してみます。

裁判官はなぜこの質問をするのか？

　和解の調整は、基本的には心証をもとに行いますが、和解である以上、当事者の意向は当然尊重しなければなりません。和解金額が、ある金額を上回る（あるいは下回る）場合、和解をする余地はないという場合もあるでしょうし、訴訟物ではない周辺事項について譲れない点があることもあるでしょう。

　こういった点を踏まえ、和解による調整が可能かどうかも含め検討するために、この質問をすることがあります。

1 審理の進捗と和解勧試

　既に述べたとおり、裁判官は、訴訟のどの段階でも和解を試みることができますので（民訴法89条1項）、かなり早い段階から和解の打診が行われることもあります。もっとも、審理が進んでいくと、当事者の主張やその根拠となる証拠が明らかにされ、事案の見通しが明確になっていきますので、訴訟の見通し（裁判官の心証）を踏まえた和解の打診も行われるようになっていきます。

　当事者目線でも、和解についての考え方や可能性は、審理が進むに連れて、また時間の経過によっても変化していきますので、代理人としては、和解の可能性について、一度検討して終わり、ではなく随時検討を重ねておくのが望ましいでしょう。

2 和解についての譲れない点を訊かれた場合

　裁判官としては、和解を打診するにあたっては、基本的には暫定的な心証をベースとしつつ、当事者の意向も柔軟に採り入れた上、なるべく当事者双方が受諾しやすい和解案を検討しています。

　ただし、当事者の意向を採り入れるといっても限界があり、①心証から大幅に乖離した和解案を提示するのは困難ですし（「後遺障害はない」との心証を抱いているのに、後遺障害があることを前提とした和解案等）、②双方当事者がこだわっている点の調整が不可能な場合に和解案を提示することは無益でしょう（一方は「謝罪条項が必須である」と言い、他方は「謝罪条項を入れることはできない」と言っている場合等）。

　そのため、まずは、和解案を提示したとして和解成立の余地が全くないものであるか否かを確認するため、「和解について譲れない点はありますか？」「ご本人がこだわっている点はありますか？」などと尋ねることがあります。

　代理人としては、あらかじめ依頼者と協議しておき、和解にあたっての必須条件等があれば、端的にその旨を伝える必要があります。

32 「和解による解決が望ましいと 考えています」

 裁判官からの質問の場面

裁：双方の主張・立証は一通り出尽くしたところでしょうか。

弁：はい。

裁：事案の全貌もかなり理解できてきまして、記録を一通り検討しました。本件は親族間の紛争ですし、判決で100対0の解決とするよりも、**和解による解決が望ましいと考えています。**和解についてのご意見はいかがですか。

弁：原告としては、感情面での対立が激しいこともあって条件面で折り合いをつけるのは難しそうな印象があり、元々は判決を希望しておりました。もっとも、裁判官からのご提案ということであれば、一度持ち帰って依頼者と検討させていただきます。

 裁判官はなぜこの質問をするのか？

　感情的な対立が激しいなどの理由により当事者間で折り合いをつけることが難しい場合であっても、紛争を実質的に解決するためには判決ではなく和解による方が望ましいと考えられる事案もあり、このような提案をすることがあります。

1 積極的な和解勧試

　既に述べたとおり、審理が進んでいくと、当事者の主張やその根拠となる証拠が明らかにされ、事案の見通しが明確になっていき、訴訟の見通し（裁判官の心証）を踏まえた和解の打診も行われるようになっていきます。

　そして、事案によっては、裁判官の方から積極的に和解による解決を勧めることもあります。例えば、以下のような事案は特に判決よりも和解による解決になじみ易く、積極的な和解勧試が行われることがあります。

・親族間の紛争であり、判決による解決では感情的なしこりが残ってしまうので当事者にとって望ましくない場合
・利害関係者が多い、別の紛争が生じているなどの事情があり、訴訟の対象となっていない事項も併せて一挙に解決するのが望ましい場合

2 和解を勧められた場合の対応

　裁判官から「和解による解決が望ましいと考えています」などと積極的に和解を勧められた場合、和解を勧めるだけの相応の理由があるはずです。

　代理人としては、裁判官が和解を勧める理由や、現時点での心証等について端的に尋ねてもよいでしょう。もし、これらの内容を踏まえても和解に応じるのが困難なのであれば、一度持ち帰り、和解に応じられない理由や、（依頼者のこだわりを探るという意味で現実的なものでなくてもよいので）どういう条件があれば和解に応じられるのかなど、改めて依頼者と話し合った上で対応することが望ましいでしょう。

33 「◯◯万円程度とした場合、説得できそうですか?」

裁判官からの質問の場面

（裁判官と個別で和解の話合い）

裁：記録等を一通り検討しまして、現時点での暫定的な心証としては、貸付金の返還については請求認容、損害賠償請求については請求棄却と考えています。和解金額についてですが、**◯◯万円程度とした場合、説得できそうですか。**

弁：損害賠償請求を認めていただけないのは残念ですが、損害賠償請求が認められない可能性があるということは原告本人にも十分に説明してきたところです。◯◯万円であれば納得してもらえる可能性はあると思います。

裁：被告側の意向も踏まえ、裁判所としては◯◯万円が相当と考えておりますので、原告ご本人と検討していただけますか。

弁：はい。1週間いただければ検討できます。

裁判官はなぜこの質問をするのか?

　従前の交渉経緯や、訴訟における主張内容をみる限り、当事者双方の金額に大きな開きがあることも多く、このような場合に、いきなり裁判官から具体的金額を双方に提示しても上手くまとまらないことが多いです。まずは双方におおまかな金額を訊き、その感触を踏まえた上で微調整を重ね、最終的に具体的金額を提示するという流れをとるのが一般的です。

1 裁判官からの金額の提示

　和解成立の余地がある場合、裁判官は、「○○万円程度とした場合、説得できそうですか？」などと述べて当事者におおまかな和解金額を提示し、感触を訊くことがあります。なお、具体的な和解案を提示する前に、どこまで細かく金額を擦り合わせるのかは、ケースバイケースですし、裁判官によっても様々です。

　例えば、交通事故の事案であれば、主張立証が概ね尽きた段階で、当事者から和解案を出してほしいと打診されれば、特段細かい調整をすることなく裁判官が具体的な和解案を提示することも多いでしょう。

2 提示金額の調整

　裁判官が提示した金額について、当事者が受諾できないと回答した場合、金額を調整することもあります。

　もっとも、裁判官の心証から大幅に乖離した金額を提示することはできませんので、調整には限界があります。例えば、被告が90万円支払う旨の和解案を提示したところ、原告が「100万円でなければ応じられない」と述べ、被告も「10万円程度の増額であれば早期解決の観点から応じられる」と述べた場合などのように、基本的には、相手方当事者が応じられる範囲での調整にとどまることが多いと思われます。

　提示金額に納得がいかないという場合には、裁判官は、さらに詳細な理由を説明して説得を試みたり、場合によっては後記（140頁以下）のように本人に対して直接説得を試みることもあります。

「ご本人と直接お話ししたいのですがよろしいですか?」

 裁判官からの質問の場面

弁：前回期日でご提案いただいた、和解金○○万円について原告本人と相談したのですが、難しいとのことでした。

裁：もう少し金額を上げても難しいですか。

弁：そもそも全額支払ってもらうのが当然だという考えでいるので、数十万円程度上げるという程度では難しいと思います。判決になった場合でも全額は難しいよという話はしているんですが……。

裁：なるほど。**ご本人と直接お話ししたいのですがよろしいですか?** 訴訟の見通しについては先生の方からも丁寧にご説明いただいていると思いますが、私の方からも、判決になった場合の見通しなどについて具体的にお話したいので。

弁：ぜひお願いします。

 裁判官はなぜこの質問をするのか?

　裁判所が提示した和解案について、代理人としては法的観点から納得していても、本人としてはどうしても納得できないという事案はままあります。本人が納得できない点について、裁判官と直接やりとりすることにより最終的に和解に至ることもあるため、この質問をすることがあります。

1 当事者（依頼者）の説得

代理人にとっては、和解にあたって苦労するのが**当事者（依頼者）の説得**です。説得にあたっては、**判決になった場合の見通し**や**回収可能性**に加えて、以下のような和解と判決のそれぞれのメリット・デメリットを十分に説明する必要があります。

なお、当事者を説得する上では裁判官が作成した書面がある方が有用なこともありますので、場合によっては裁判官の暫定的な心証や和解案を書面で示すよう求めることも考えられます。

	メリット	デメリット
判決	・有利な判決を得る可能性 ・裁判官の判断が得られる	・時間がかかる（上訴等） ・強制執行が必要になる可能性
和解	・関連紛争も含めた柔軟な解決 ・敗訴・上訴を避けられる ・任意の履行が期待できる	・一定の譲歩が必要（有利な判決を得る可能性を放棄） ・裁判官の判断が得られない

2 裁判官による当事者の説得

代理人による説得だけでは当事者（依頼者）が和解に納得してくれない場合、裁判官が直接話をして説得することを試みることがあります。当事者とは別にキーパーソンがいる場合には、その人と直接話をすることもないではないです。

実際、判断者である裁判官からの直接の説得は効果的です（裁判官に自分の思いを直接話せたということで、納得感を得られることが多い印象です）。代理人としては、あと一歩で依頼者を説得できそうだと言うような場合、「裁判官から直接話してもらえませんか？」などと働きかけてもよいでしょう。その際、依頼者がどの点に納得できていないのかを伝えておくと、裁判官としても効果的な説得をしやすくなります。

35 「和解にあたって設けるべき 特別な条項はありますか?」

 裁判官からの質問の場面

弁：和解金額について、被告本人から了承が得られました。

裁：ありがとうございました。原告側からも了承が得られましたので、具体的な和解条項案の検討に入りますが、**和解にあたって設けるべき特別な条項はありますか?**

弁：被告側がお金を払って和解したということが吹聴されるのは困りますので、口外禁止の条項は入れていただきたいです。

裁：わかりました。原告側にも確認してみます。

裁判官はなぜこの質問をするのか?

　和解金額について合意がとれた場合、通常であれば、①和解金額の確認条項、②和解金の給付条項、③その余の請求の放棄条項、④清算条項、⑤訴訟費用負担条項を設けることになるでしょう。これ以外に特別な条項があるかどうかについて確認するために、この質問をすることがあります。

1 和解条項

　和解の大筋に合意ができれば、具体的な和解条項について検討していくことになります。条項案を作成する際に最も重要なことは**強制執行可能な文言**とすることです。和解したにもかかわらず強制執行できないという事態に陥ることのないよう、給付文言（「支払う」「明け渡す」「登記手続をする」など）に注意しましょう。具体的な文言については、裁判所職員総合研修所監修『書記官事務を中心とした和解条項に関する実証的研究：補訂版・和解条項記載例』（法曹会、2010年）が参考になります。

2 特別な条項

　このほか、和解の本筋とは別に手続的な条項を設けることがあります。特に重要なものを以下に挙げます。
・民事保全申立の取下げ・担保取消条項
・供託金の取戻し・還付条項
・口外禁止条項
・別件訴訟の取下げ・同意条項

⚖ 弁護士の視点　不動産登記に関する条項には注意

　和解条項を定めるにあたって、不動産登記に関する条項（移転登記や登記抹消に関する条項）については注意を要します。
　請求の趣旨（21頁）において述べたことと共通しますが、登記を行う法務局において独自の作法があり、法務局の作法に従っていない条項である場合、せっかく和解したにもかかわらず登記できないという事態が起こり得るためです。
　そのため、典型的な事案は別として、非典型的ないし複雑事案については、**事前に法務局等に照会**し、法務局の作法に従った条項となるよう調整しておきましょう。

事項索引

■執筆者紹介

中　村　雅　人（なかむら　まさと）
大阪地裁判事
東京大学工学部卒業
東京大学大学院工学系研究科卒業
京都大学法科大学院卒業
2011 年　司法試験合格
2013 年〜　東京地裁判事補（民事通常部）
2016 年〜　福島地家裁いわき支部判事補
2019 年〜　神戸家裁判事補（少年部）
2021 年〜　岡山地裁判事補（民事部）
2023 年〜　岡山地裁判事（民事部）
2024 年〜　大阪地裁判事（租税・行政部）

城　石　　　惣（じょういし　そう）
兼子・岩松法律事務所
京都大学法学部卒業
京都大学法科大学院卒業
2011 年　司法試験合格
2012 年　弁護士登録（第二東京弁護士会）
2017 年〜 2019 年　法務省訟務局行政訟務課（局付）
2023 年〜　防衛省防衛人事審議会公正審査分科会書記（非常勤）

＜主要著書（共著）＞
『失敗事例でわかる！　民事尋問のゴールデンルール 30』（学陽書房、2023
年）、『失敗事例でわかる！　離婚事件のゴールデンルール 30』（学陽書房、
2021 年）、『最新 複雑訴訟の実務ポイント』（新日本法規、2020 年）、『事例
に学ぶ契約関係事件入門』（民事法研究会、2017 年）、『事例に学ぶ労働事件
入門』（民事法研究会、2016 年）、『Ｑ＆Ａ　知的財産トラブル予防・対応の
実務』（新日本法規、2006 年）

民事訴訟
裁判官からの質問に答える技術

2024年 5 月27日　初版発行
2024年 7 月 1 日　 2 刷発行

著　者　　中村雅人・城石 惣
　　　　　なかむらまさと　じょういし そう
発行者　　佐久間重嘉
発行所　　学 陽 書 房

〒102-0072　東京都千代田区飯田橋1-9-3
営業　電話　03-3261-1111　FAX　03-5211-3300
編集　電話　03-3261-1112
http://www.gakuyo.co.jp/

ブックデザイン／スタジオダンク
DTP制作／ニシ工芸　　印刷・製本／三省堂印刷

★乱丁・落丁本は、送料小社負担にてお取り替えいたします。
ISBN 978-4-313-51212-2 C2032
ⒸM.Nakamura, S.Joishi 2024, Printed in Japan
定価はカバーに表示しています。

JCOPY 〈出版者著作権管理機構 委託出版物〉
本書の無断複製は著作権法上での例外を除き禁じられています。
複製される場合は、そのつど事前に、出版者著作権管理機構（電
話03-5244-5088、FAX03-5244-5089、e-mail : info@jcopy. or. jp)
の許諾を得てください。

◎好評既刊◎

上手い尋問と下手な尋問の違いとは？

経験豊富な弁護士が持っている 30 の暗黙知！ 「主尋問」「反対尋問」「陳述書」「専門家質問」「異議の出し方」などの様々な失敗事例を基に、失敗の原因と、効果的な尋問例を解説！

失敗事例でわかる！
民事尋問のゴールデンルール 30

藤代浩則・野村 創・野中英匡・城石 惣・田附周平 ［著］
A5 判並製／定価 3,300 円（10%税込）

◎好評既刊◎

弁護士が知っておきたい、離婚事件 30 の鉄則！

「調停で依頼者のために相手方のモラハラを伝える場面」「面会交流の具体的な方法を定める場面」「婚姻費用や養育費が争われる場面」等で、弁護士がやりがちな失敗を基に実務を解説！

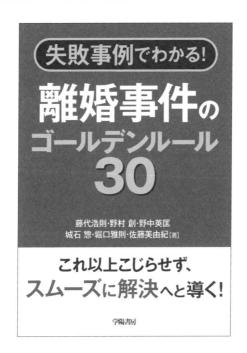

失敗事例でわかる！

離婚事件の
ゴールデンルール
30

藤代浩則・野村 創・野中英匡
城石 惣・堀口雅則・佐藤美由紀［著］

これ以上こじらせず、
スムーズに解決へと導く！

学陽書房

失敗事例でわかる！
離婚事件のゴールデンルール 30

藤代浩則・野村 創・野中英匡・城石 惣・堀口雅則・佐藤美由紀 ［著］
A5 判並製／定価 2,750 円 （10%税込）

申立ての不備、回収不能を防ぐ
実務の極意！

「裁判官に間違いを指摘されて恥を掻いた」という小さな失敗から、「間違った知識のため全額回収できなかった」という弁護過誤レベルの大失敗まで、事例を示しながら実務を解説！

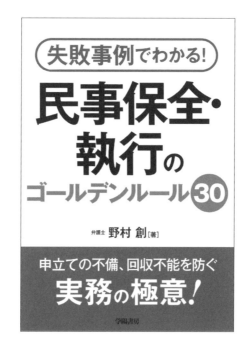

失敗事例でわかる！
民事保全・執行のゴールデンルール30

野村 創［著］
A5判並製／定価 2,640円（10％税込）

◎好評既刊◎

「今さら聞けない疑問」「実務の悩み」、ざっくばらんに解説します！

保全・執行に苦手意識がある弁護士のために、条文・制度のはじめの一歩から、丁寧に解説する超入門本！　基本から実務の勘所まで、66個の質問が1冊に！

実務の悩みに答えます！
民事保全・執行 まるごと Q&A

野村 創［著］
A5判並製／定価 3,300円（10%税込）

◎好評既刊◎

相談前・相談中に素早く検索できる、弁護士実務のお守り本！

相談者とのコミュニケーションのコツから、相談分野別の重要知識、さらに、困ったときの対応のコツまでを解説した、弁護士必携の書！

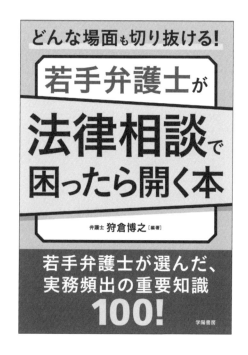

どんな場面も切り抜ける！
若手弁護士が法律相談で困ったら開く本

狩倉博之 ［編著］
A5 判並製／定価 2,970 円（10％税込）